THE EDGAR CAYCE HANDBOOK FOR CREATING YOUR FUTURE

監修者まえがき

ＮＰＯ法人日本エドガー・ケイシーセンター会長　光田 秀

人は誰でも、人生において何らかの苦悩や試練を経験するものだと思います。どれほど経済的に恵まれていても、あるいは社会的に高いポジションにあろうとも、また周囲の人の目には順風満帆な人生に映ろうとも、人である限りそれらの試練を免れることはできません。しかも、それらの試練や苦悩は決して一度きりで終わるものではなく、長い人生の中で、状況や内容を変えて断続的に（あるいはほとんど周期的に）現れてくるかのようです。

そのような試練や苦悩は、見て見ぬ振りをして逃避しようと思えば一時的にはそれも可能ではありますが、決して私たちを離れることはなく、何度もしつこく、より大きな試練となって私たちに迫ってきます。しかも逃避している限り、私たちの人生はそこから一歩も動かず停滞してしまいます。

そして多くの場合、いよいよ人生が行き詰まり、「これでは駄目だ。何とかしなくては」という段階になってやっと私たちは重い腰を上げ、試練や問題に取り組み、本質的な解決を図ろうと努力し始めます。するとほとんどの場合、それらの試練や問題は決して（不可抗力の）外的な要因で起きたわけではなく、自分の抱えていた内面的な問題が外に現れたものだということに気づかされます。

そしてここが人生の肝心なポイントだと思うのですが、私たちの人生に現れるこれらの試練や問題は、私たちが内面的にそれに見合うだけの変容を遂げるや否や、スルスルと解け始め、より高い自分になるための確固たる踏み石に姿を変えていきます。裏を返せば、人生に現れる試練や問題は、私たちが精神的に同じレベルにとどまっている限り、試練や問題であり続けますが、それらを通して自己の内面的問題を認識し、内的な変容の機会として自己を奮い立たせるならば、人生における大きな飛躍のチャンスになっていきます。

非常に興味深いことに、私たちが内的な変容に成功すると、それはほとんど物理法則のように確実に結果を生じます。皆さんも小学生の頃、二酸化マンガンに過酸化水素を加えて酸素を発生させる実験をしたと思いますが、この化学の実験にも比せられるほど、私たちの精神的・内的変容は、私たちの人生を確実に変化させます。

さて、本書は、私たちが人生の中で遭遇するさまざまな試練や問題に対してどのように取り組み、内的にどのように変容すればよいのか、そのガイドブックになってくれます。人生を変容させる上でポイントとなる法則が、きわめて実践的な形でまとめられています。しかも、これらの法則は単なる処世訓や成功法則を集めたものではなく、そのすべてがアメリカの傑出した霊的透視能力者エドガー・ケイシー（一八七七～一九四五）のリーディング（透視記録）に基づいているのです。

エドガー・ケイシーについての紹介は本文にもありますが、本書との関係で簡潔に述べるなら、私たちの人生の諸問題をきわめて深い精神的・霊的レベルで洞察し、それらに本質的な解決を与えることのできた稀有《けう》の透視能力者であります。ケイシーによって多くの人々は試練を克服し、より創造的で豊かな人生を送る知恵を授かりました。そして、彼の与えたアドバイスは普遍的であるがゆえに、そのアドバイスを自らの人生に適用するならば、私たちもまた自分の人生を創造的に変容させることが可能になるのです。

先日、このまえがきにふさわしいある体験をいたしましたので、そのことをお話ししてみたいと思います。

私は、エドガー・ケイシーの業績の普及啓蒙を行っている「NPO法人日本エドガー・ケイシーセンター」で仕事をしておりますが、先日、そこに関西方面からある女性が訪ねて来られました。その方とは数年前、電話で話したことがあるだけで、直接お目にかかるのは初めてでしたが、その女性が次のようなことを喜びをもって報告してくださいました。

数年前、彼女は夫との関係が非常に困難な状況にあり、ほとんど離婚寸前に来ていました。周囲の人にいろいろとアドバイスや助けを求めたようでしたが、状況はますます困難になるばかりで、とうとう思いあまって家出をし、その滞在先から東京のケイシーセンターに電話をしてこられたのです。

具体的にどのようなアドバイスをしたのか覚えておりませんが、私はその女性の状況を聞き、エドガー・ケイシーが述べていることの中から、彼女がその試練を克服するのに有益と思われるアドバイスをいくつかして差し上げ、勇気をもってその困難な状況に取り組むよう励ましました。

その後この女性から連絡はなく、「どうしていらっしゃるかなあ」と気にはしておりましたが、特別こちらから連絡をするということはないまま数年が経っていました。そこに先日の突然の訪問があったわけです。

彼女曰く、「あれから教えていただいたアドバイスを実行してみたところ、夫との関係がどんどん修復され、いまでは家族でいることを本当に楽しんでいます」ということでした。私も何かしらお役に立てたような気がして、とても嬉しくお話を伺うことができました。

この女性の例は、エドガー・ケイシーのもたらした情報が私たちの人生にきわめて有効であることを証《あか》しするほんの一例に過ぎません。誰でも、どのような状況にあっても、本書にまとめられた法則を誠実に実行するならば、必ずその成果が得られます。読者の皆さんがそれを体験し、人生を豊かで創造的な喜びに満ちたものにされる一助となるならば、本書の監修者としてこれに過ぎる喜びはありません。

本書の翻訳は、日本エドガー・ケイシーセンターの理事を務めておられる翻訳家の木原禎子さんにお願い致しました。難解になりがちなケイシーの本を、わかりやすい日本語に翻訳されるのはさぞ大変だったろうと思います。こうして素晴らしい本に仕上がったことを読者の皆様とともに喜び、木原さんの労に報いたいと思います。また、日本語版として読みやすくなるよう、たま出版編集部で章立てを入れ替えたり、日本人には馴染みのない挿話などを削除するなど、さまざまな工夫が凝らされました。編集部の皆様にもこの場を借りてお礼申し上げます。
最後になりましたが、本書を通して皆様の人生に喜びと祝福が豊かにもたらされますことを心より願っております。

平成一五年七月吉日

まえがき

〝二〇世紀最大の予言者〟といわれたエドガー・ケイシー（一八七七〜一九四五）は、その生涯を、たぐいまれなほどの実直さと質素な生活で貫いた人でした。彼には困った人たちを気遣い、助けたいという強い思いがあり、そのことによって、彼の驚異的な才能に対する評価は、生きていたときよりも、死後数十年を経てからの方が、よりいっそう高まっていきました。

彼は二四歳のときに、八年しか受けなかった教育をはるかに超えた、知識の源泉に直接つながる能力が自分にあることを、偶然発見しました。それは、眠っているようなトランス状態に入ると、どのような質問に対しても英知と正確さに満ちた答えを与えることができるという能力でした。それらの質問の多くは、肉体的に苦しんでいたり、あるいはほとんど生きる望みを失った人々からのものでしたが、自分自身をもっと知りたいとか、人生における生き方を見出したいと願っている人々からの質問もありました。

こうした質問に対して、彼の変性意識状態から与えられた回答は速記で記録されました。これらは「リーディング」と呼ばれました。一九〇一年から一九四四年の間に一万四一四五件のリーディング記録が取られていますが、ケイシー自身は亡くなるまで、自分が演じた役割についてほとんど自覚していなかっただろうと思われます。というのも彼は、この仕事を通して、ホリスティック医学の分野におけるパイオニアとなりましたし、二〇世紀のユダヤ教やキリスト教文化に対する形而上学的な法則を解釈し直すとともに、トランスパーソナル心理学や意識学習の先駆者ともなったからです。

エドガー・ケイシーは、紛れもなくアメリカが生んだ驚異的な人物でした。あらゆる偉大な宗教の伝統に深い敬意を表すとともに、世界主義者ともいえる普遍的な視野をもっていました。また彼の伝記に現れた特徴は、その哲学体系や心理学の傾向が、現代のアメリカに根ざしたものだということでした。確かに米国における霊的な目標は、ヨーロッパや東洋からもたらされた教えによって高められましたが、ケイシーのデータではアメリカの日常的な生活の中から、霊的に重要な概念が、実際的な実用主義と結合されながら、述べられています。

ケイシーの資料の素晴らしい点は、その実用性とバランスにあります。私たちを観念的な思索に迷い込ませるよりは、今ここに生きていることに立ち返らせてくれるのです。そして私たちの人生こそは、肉体的・精神的・霊的な可能性を満たすための機会だとケイシーは喝破《かっぱ》しました。つまり、世俗から離れて修道院や僧院に逃げ込む必要はないということです。神と出会うために肉体から抜け出して、高次元の世界に行く必要もありません。なぜなら、私たちが気付きさえすれば、霊は私たちが日常生活を送っている最中にも活動しているからです。これこそが実際的なスピリチュアリティー（霊性）というものであり、それはまた、このたぐいまれな能力をもっていた男を通してもたらされた多くの考えの中でも根幹をなすものです。

第二点目のバランスは、特に自助努力の心理学と、神の恩寵《おんちょう》の介在とのバランスにおいて重要な法則となります。ケイシー・リーディングでは、仏陀や精神科医のカール・ユングも勧めた、両極端な状態のちょうど中間に存在する均衡点――中道――に、道徳的な生き方と同様の大きな価値が置かれています。個人的な成長と発展は、一方で個人的な努力をし、他方ではより高いレベルの霊的な力に身をゆだねることで――この二つが調和のとれた相互作用をすることを通して――実現されるものと思われます。

ケイシーの哲学体系では、二つのことが約束されています。この二つは一見すると相反するように見えますが、一つは、あなたは自分の未来を創造できるということ。すなわち、あなたは、自分の人生を方向づける力をもった素晴らしい存在であるということ。二つ目は、あなたの未来があなたを創造するということ、それはあなたの人生は自分で引っ張っていくための必然性があるということです。言い換えれば、私たちの誰もが「神と共同で創造する」機会を手にしているということです。

本書は、「神と共同で創造する」ための手引き書です。特別な方法で、生きることの神秘を解き明かした二四の「法則」を、私たちに教えてくれます。この法則は、人生を深く考えている人にとっては、自明の内容でしょう。そしてスピリットというものが、遠く離れた天国にあるのではなく、まさに自分の中にあるということを、率直に、そして客観的に受け止めることができるでしょう。何世紀もの間、このような概念は、いわゆる密教として追いやられ、意図的に宗教的儀式や神秘主義によって覆い隠されてきました。しかし時代は変化しています。今日では、非常に多くのまじめな探求者たちが、この古い知識を進んで利用しているのです。

本書に書かれた法則は、深遠で重要な思想を具体的に表現しています。これらを研究するにあたって憂鬱になったり、過剰に深刻になる必要はありません。本書は、実用的であるとともに形式ばらない文体で書かれており、読者にとって楽しんで活用できる本といっていいでしょう。一つ一つの短い文章は、人々の生活に根ざした真実の物語にあふれ、気持ちを鼓舞するものとなっており、その考えが実際的な日常生活でどのように利用できるかを示す有益なエピソードで満ちています。

本書はあなたの人生にとっての便利な参考書としても使えるはずです。本書に書かれていることがあなたに役立つかどうかは、あなたがそれを実際に試してみる気があるかどうかにかかっています。エドガー・ケイシーはAREという組織を設立しました。そして、応用や思考という過程を通して学び、成長しました。そして本書で公にされた二四の〝秘密〟は、各人にとって気軽な気持ちで探求することができるものだと信じていました。

本書に書かれている二四の法則には、ケイシー・リーディングにおけるスピリチュアルな法則と、心理学における重要な部分が含まれています。ケイシーの健康管理に関するホリスティックな概念については直接扱っていませんが、私たちを肉体的健康へと導いてくれる精神的な因子や、スピリチュアルな因子には焦点が当てられています。

あなたは現在の状況に対して責任を負わなければなりません。それと同時に、人生というゲームを支配している普遍的な法則を学びましょう。そして、自分の人生を自分で作り上げるという創造的な仕事をしましょう。もしあなたが本書に書かれた考えを応用しながら、いま挙げた三つのステップを踏んでいくことができれば、この世でさらに創造的で生産的な楽しい市民になれるに違いありません。

私たちは神とともに、素晴らしい世界を創造していけるのです。

エドガー・ケイシーに学ぶ幸せの法則◎目次

ステップ1　人生を新しい視点で見る

法則1　ほかの人の内に見出す長所は、あなた自身の内にもある

ジョン・レノンの遺作となったレコードアルバムに、幼い息子ショーンのために書かれた子守り唄が収録されています。その中で「人生は、どこから見ても本当に素晴らしい」と歌われています。息子に対するレノンのメッセージは、私たちに希望と自信を取り戻させてくれます。彼は歌いながら、私たちは聴きながら、自分自身への新たな自信を感じ、人生のあらゆる出来事が、なぜかより良い方向に導かれているという希望を感じることができるのです。

ジョン・レノンがあなたにとってヒーローであるかどうかはともかく、彼は数百万の人たちにとって、彼らが信じたり、達成しようとしているものの象徴となっていることは確かでしょう。それがヒーローやヒロインの演じている役割なのです。このように他の人々が賞賛するような性質を表すことによって、自らの中に同じ性質を育《はぐく》むことができるのです。

この魔法を、「賞賛の心理学」と呼ぶことができます。簡単に言えば「あなたが他の人の内に見出す長所は、あなた自身の内にもある」ということです。それは、私たちの成長を刺激し、高い理想に引き上げる力をもっているのです。たとえ、あるヒーローやヒロインが、意外な弱点があることがわかったとしても、その美徳は、私たちの内に残っています。そして、私たちが自分の内部で動き出しているこれらのプラスの性質を感じるとき、自分の運命の予告編を観ていることになるので

す。

あなたが素晴らしいと思う人々は、あなたの人生において極めて重要な人物です。これまでの人生において、何らかの形であなたを奮起させたり、何かを動機づけたりする人物を何人かは挙げられるでしょう。しかしそれぞれがみな特別であり、それぞれのやり方であなたに感動を与えてくれたはずです。理想のモデルを心に描いたり、紙に書いてリストを作ってもいいでしょう。あなたが直接知っている人物の場合もあるし、歴史的な人物、あるいは有名人の場合もあるでしょう。あなたがリストに挙げた人たちは、完全でなくとも、深い感銘を与える何らかの性質をもっているはずです。記録したそれぞれの人物にあなたが認める素晴らしい特徴を書き添えておけば、なおいいでしょう。

ひとたびリストが出来上がったら、その人物たちはしばらく脇へ置いておき、今度はリストに挙げられた性質や特徴だけを研究してみましょう。今度は他人の内で、最も素晴らしいと思う特性は何なのかを自分に聞いてみるのです。

賞賛の心理学に従えば、これらと同じ性質があなた自身の内にもあるのです。なぜなら、もしその特徴が、少なくとも種や可能性としてさえもなければ、あなたはその存在を認識することも、正しく理解することも出来ないはずだからです。あなたが賞賛を感ずるのは、あなたの内部にあるそれと同じ原動力が刺激されるからです。

また実際にはこの素晴らしい性質が、あなた自身の中にあるというだけでなく、ヒーローや理想のモデルの中にあなたが垣間見るその素晴らしさが、あなたがこれから成長していく、またはあなたがなろうとしている状態の〝予告編〟でもあります。

「ますます良くなる」という気持ちの作用

ケイシー・リーディングは、私たちが運命に向かって動いていくための秘訣を与えてくれます。その場でだいたいの結論を得て、すぐに最高の可能性を実現していく方法を知ることができます。この単純な手順は、物事というのは良くなり得るし、なっていくのだという信念で始まります。それは、人生が、ある計画や設計に従って進化しているという信念です（この概念を示す科学的な言葉が「目的論」です）。実際、全宇宙、そして、そこに存在している私たちの周りには、このことを信じているわけではなくても、これを立証するたくさんの証拠が存在しているのです。それを説明する素晴らしい寓話があります。

ある日、無信仰な人が、聖職者に「あなたは証明できないたくさんのことを信じている。例えば、あなたはこの世界が神の手によって創造されたと言うが、それを証明できるのですか」と聞きました。それに対して「もちろんです。でも最初に、私に質問させてください。あなたは何を着ていますか」と聖職者は逆に聞き返しました。

この質問は、無神論者をイライラさせました。彼が怒りながら、「なんてあなたは愚かなのですか。一目見れば、誰だってスーツだってわかるでしょう」と答えると、聖職者は「誰が作ったのですか」

と続けました。「もちろん、洋服屋さ」と不信仰者は答えました。「あなたはそれを証明できますか」と物静かな賢人は尋ねました。

この質問は、無神論者をさらにイライラさせ、「スーツは洋服屋が作るってことも知らないなんて、お前さんはよっぽどの馬鹿なのだね！」と言い返しました。聖職者は、穏やかに答えました。「そう、あなたも同じくね。創造に携わっている神の手が見えないなんて、あなたも同じように馬鹿ですよ。ちょうど、家が建造者の腕を示し、衣類が洋服屋の腕を示すように、創造物の秩序の美しさは、神の御技《みわざ》や英知を示しているのです」

あなた自身を知るコツ

一度、「あらゆるものとともに、あなたはますます良くなっていっている」という仮定を受け入れるなら、自分の運命を満足させるための、次の段階への準備が出来ているといっていいでしょう。できる限り客観的に、あなた自身を調べることから始めるのです。鏡の中に、肉体的な外観だけでなく、内的な生活をも映し出して観察するのは容易なことではありません。

あいにく、自己観察の過程には二つの潜在的な危険が伴います。あなた自身を実際よりよく見てしまう場合と、悪く見てしまう場合があるのです。しかし、自己観察は、自己の「優越感」や「自己卑下」を意味するものではありません。偏見のない内省においては、自分自身に正直であり、また、精神的な基準に照らして、思考や行動を評価しなければなりません。客観的に知るためには、ときには他人が言っていることを考慮に入れるのは役に立ちますが、これもまた洞察力が必要で、その情報源の「質を見極める」ことが肝要です。ウイリアム・R・ホワイトのダンシング・ベアの物語にふざけた調子で書かれているように……。

一匹のクマが、自分のダンスの才能をとても誇りに思っていました。ある日、彼は新しいステップに取り組み、友達のサルに見てもらうことに決めました。「このステップはどうだい?」。クマは踊り終わってから熱心に尋ねました。「ひどいもんだ。見ちゃいられないよ」とサルは言いました。サル自身、動作が非常にすばやく身軽ですから、クマは憤慨して「君は礼儀というものをわきまえていないよ。最後のジャンプは良かったのに」と言いました。このやりとりを聞いていたブタが、とつぜん口をはさんで、「おー、クマさん素晴らしかったよ。君はピカ一のダンサーだ。あれよりうまいダンスを見たことないさ」。

結局、クマは二つの反応をしばらく考えたあとで、「みんなの前で踊るのは、もう少し練習してからの方がいいな」とつぶやき、サルが批判したときには憤慨したけれど、ブタがあんなに気に入ったということは、自分のダンスはよっぽどひどかったに違いないと思うのでした。

自分の中に理想を見る

大胆に聞こえるかもしれませんが、ケイシーの霊的な心理学では、私たちが自分自身の内にある「キリスト的な性質」を認識するように勧めています。キリストや他の偉大な霊的指導者が示した特性を私たちが賞賛できるということは、私たち自身の中にもそれらと同じ特性があることを示しているのです。

一九四四年、ある青年が人生で成功するためのアドバイスを求めて、ケイシーのもとにやって来ました。ケイシーはその男に、体と心と魂について注意深く全体的に分析するようにとアドバイスし、その男の中にもキリスト的な部分があるからと保証しました。それは、客観的に自分を観察すれば、自分の内にキリストと似たような部分を見出せるというアドバイスでした。これは決して、私たちの欠点を無視することにはなりません。取り組んだり、打ち勝たなければならない欠点は、誰の中にもあります。しかし、私たちの内にある最高のものが、私たちにとっての最高の真実だということなのです。

では、その最高の部分が垣間見えたとき、それらをどのように認識したらよいのでしょうか。最高の状態であるとは、何を意味するのでしょうか。そのヒントは、特定の手がかりに気付くことです。その手がかりの多くは感情であり、言葉で適切に表現するのは難しいものです。しかしここで、最高の状態であるときの感じ方について、いくつかの説明をしてみましょう。

◎こんなとき、あなたは最高の状態にある

一、驚きの感覚を覚えるとき

最高の状態にあるときは感覚は広く開いた状態となっており、人生そのものである奇跡や、神秘的な出来事により、たやすく最高の状態に触れることができます。それがたとえ人生の悲劇的で苦しい瞬間であっても、最高の状態にあるときもあります。

二、同情心をもつとき

他の人の感情——例えば喜びや悲しみ——に敏感であるときは、最高の状態に近づきつつあるといっていいでしょう。さらにその感受性が、あなたを明確な行動をとらせるようにせき立てるとき、それこそまさに最高の状態にあるといえます。

三、許すことができるとき

最も困難なことですが、これこそは、あなたが自分の中心にある高度な部分に接触していることを示す非常に意味のある手がかりとなります。他人を許すことは、黙ってされるがままの人間になることを意味するわけでも、他人があなたの気持ちを全く考慮に入れないことを認めることでもありません。そうではなく、相手の過去の不当行為に対して、結晶化してしまっているあなたの恨み

や憤りを解放することなのです。自然の全てはこの美徳を実証しているのに、人類だけが恨みを抱き続けているのです。

四、ユーモアをもてるとき

人類はこの地上で、笑う方法を知っている唯一の住人です。あらゆる状況でそのこっけいな面に触れると、人は不思議な力が湧いてくるのです。あなたはユーモアで困難を超越し、そこから、その困難を創造的に扱う新しい視点を見出すことができます。ユーモアのセンスとは、確かに霊的な贈り物であるのです。

五、謙虚さをもてるとき

このキリストのような性質は、あなたがもつ光の部分を隠すことでも、あなた自身の強さを否定することでもありません。謙虚さとは、強さや才能の真の源を自覚していることです。あなたが現在ある全て、所有している全て、できることの全てに対して、静かに感謝する意識です。

理想のモデルが人生を導く

ケイシーが一三歳で聖なるヴィジョンを目にしたとき、それに対する彼の反応は、彼にとってのヒーローである一二使徒に大きく影響されたものでした。ケイシーは一二使徒の中に、自分がもちたいと願った性質を見ていたのです。

私たちは誰でも、尊敬する人物と自分とを同一視し、その人物を見習おうとします。幼い頃は、それは通常両親だったり、兄弟だったりするでしょう。私たちが識別する特定の特徴やその価値は、普通、私たちが内心にそれに共鳴を感ずるものをもっているからです。つまり、あなたがほかの人の内に見出す善は、すでにあなたのものなのです。そうでなければ、私たちはそれに気づくことが出来ないはずだからです。

尊敬する人たちが、あなたをさらに高い基準に向かわせる動機づけになるという考えは重要です。それとともに、この同じ尊敬すべき性質が、すでにあなたの中に分身として存在していることを認めることも必要です。それは単なる種に過ぎないかもしれません。しかし、あなたの内にすでに存在し、芽を出す用意ができ、芽を出したいと望んでいる種なのです。そして最も重要なことは、あなた自身にとっての最高の瞬間を認識し、記憶しておくことです。なぜなら、そのような瞬間においてこそ、あなたは自分の真実の運命の予告や、その一端を垣間見ることになるからです。

まとめ

「賞賛の心理学」とは、あなたが他人の中に見出す美徳は、あなた自身の内にもあるというものです。一日中この法則を意識して実践してみましょう。まず、数分を費やして、あなたの人生にとって鍵となる人物を再吟味します。その人の何をあなたが賞賛しているかに注目します。そこで気づいたことを書き留めておいてもよいでしょう。このような洞察を経て、次に、彼らと同じ建設的な特徴があなたの中にも存在することを認めましょう。あるものは完全に発達し、あるものは目覚めつつあり、あるものはまだ眠っているはずです。

最後に、あなたの欠点や短所を無視したり、隠したりすることなしに、自分自身の素晴らしさを信じましょう。この気持ちをもって一日を過ごすよう心がけましょう。それこそは、最高の状態にあるあなたがなろうとしている運命の予告だからです。

法則2　人生の危機は、飛躍への好機だ

一九三一年、ケイシーは、彼の人生で最も絶望的な難局に直面しました。この年、彼が情熱を傾けて運営してきた病院が閉鎖され、また彼のリーディングを研究していた組織が、内紛によって惨めにも解散してしまったのです。ちょうど円卓の騎士の解散に直面しているアーサー王のように、ケイシーは、いったい自分の人生には何の意味があったのだろうとさえ思いました。

この五四歳のときの苦痛に満ちた中年の危機からケイシーは、彼の透視的な仕事のうちでも最も霊性に関係した業種を残しました。ケイシーが、内面的な成長を伴う生き方と霊的な癒しについての詳細な指示を与えるリーディングを残したのは、人生のこの段階においてでした。

このようにケイシー自身が自らの人生において、リーディングで度々述べられている霊的な真実を例証しています。つまり、困難や試練は、個人的、または霊的な成長を躍進させる好機となるということです。このような総体的な見方は、なにもケイシーだけがしたわけではありません。事実上、あらゆる霊的な知恵が、この教えを述べているのです。例えば中国の古い言葉、漢字で「危機」を表す文字は、危険（危）と好機（機）の二つの単語が結びついたものなのです。

危機の贈り物

あらゆる宗教や神話が、偉大な霊的教師が最後の勝利の前に直面させられた危機的な試練について述べています。ブッダは、悟りを達成する前に究極の危機に直面しています。彼が菩提樹の下に座っていたとき、幻の「欲望の神」――偉大なるマーラ――が訪れました。このいまいましい存在は、まず、彼が悟りを求めるという馬鹿な探求をやめ、社会的な義務に従って生活し始めるよう要求しました。次いで、人間の肉欲、不安、食欲を象徴するなまめかしい女性の幻が彼を取り囲み、この未来の世界の救済者を肉欲で誘惑しようとしました。

これらの試みが失敗すると、次にマーラは、たくさんの口、だらりとした舌、鋭い牙をもった悪魔のような姿をした恐ろしい軍隊を引き連れて「死に神」の姿でブッダに近づいて来ました。彼らは手に手に、弓と矢、投げ槍、こん棒、剣などを持ち、赤々と燃えている山さえ運んできました。しかし、これら全ての試みにあっても、ゴータマ・シャカムニはじっとそのまま動じることはなく、欲望にも恐れにも、社会的な義務の必要性にも心を動かされなかったのです。これらの試練に遭い、それを乗り越えて初めて、彼は仏陀（ブッダ）、すなわち「悟りを開いた人物」になったのでした。

キリスト教の救世主イエスも、同じような出会いを経験しています。それは、ヨハネから洗礼を受けた後、荒野に引きこもり四〇日間の断食をした後のことです。彼に対する誘惑は、飢え、自尊心、権力に関するものでした。この試練の危機を経験した後に、イエスは世界を揺るがす伝道を本格的に開始したわけです。

この二つの話で、試練は異なっているけれども、二人は同じ真理に近づいています。あらゆる危機は、進展の可能性を秘めているだけでなく、ほとんどの進展は実際ある種の危機が先立って起こっているともいえるのです。

神話学者ジョセフ・キャンベルは、危機と進展のこの周期的なパターンを「モノミス」(monomyth)という言葉――「神話的な繰り返し」――で記述しています。私たち全ては、霊的な成就に向かう英雄的な探求の過程で、このモノミスの道を歩いているといってよいでしょう。このサイクルで私たちは、ヒーローやヒロインと同じように、神の思し召しによって、内的探求という旅に出かけるのです。この冒険の途中で私たちは、援助と同じように難問にも出会います。この難問で、私たちの勇気、思いやり、信念などが試されます。最終的には、最高の試練が与えられ、それに成功すれば感銘深い変容が引き続いて起こるのです。この再生の結果として私たちは、自分だけでなく、ほかの人にも益することのできる新しい能力や洞察を見出し、成長のサイクルに従って再び前進するのです。このパターンは非常に基本的なものであるため、その証拠は至るところに転がっています。

一九三七年にある男が、貧血と、なかなか治らない足の骨折の治療を求めて、ケイシーのもとへやって来ました。リーディングの際、男は適切な質問をしました。「私の事故の目的はいったい何ですか」。リーディングによると、事故は彼に、人生における真の使命を理解する機会を与えたものだとのことでした。数年間にわたり、彼は絵を描くことに非常に強い興味を抱いていたのに、ほとんど何もしてこなかったことがわかりました。彼は、足が不自由だったにもかかわらず、初期キリスト教徒として素晴らしい喜びを見出していたかなり昔の転生について聞かされたのです。彼は、弟子とともにいるイエスの生涯の情景を描くように勧められ、さらに彼の人生における目的は、彼の描いた絵を使って、あらゆる人の心に希望をもたらすことであると言われました。

一九四五年にケイシーが亡くなって以来、多くの人が、彼の遺産の中に自分を成長させるための素晴らしいアドバイスを見出しています。このような発見は、危機的状況の最中に起こることが多いのです。

一九二九年、胃酸過多で悩んでいた歯科医が、潰瘍になった胃についてのリーディングをとりました。そのリーディングは、苦痛の原因の説明とともに治療法をも与えました。その男性は無神論者で、恐れと心配でいっぱいでした。これらのネガティブな感情――リーディングでは「メンタルな疲れ」と呼んでいるもの――が、潰瘍を作り出していました。その治療には、態度を変える必要があったのです。

その治療法にもかかわらず、男性の態度は改善しませんでした。さらにリーディングがとられ、治療法を変更しましたが、もし彼が願望をもち、あらゆる勧告に従っていたならば、もっと良くなっているはずだとリーディングは主張しました。結局、その男性は死にました。

表面的には何も変化が起こらなかったように見えるかもしれません。しかしこの男性の死後、息子が家族の観察したことをケイシーに書き送っていました。息子は、父親が最初にケイシーの助けを得ようとした時点では、霊的な興味をもっていなかったことを認めましたが、父親が透視的なリーディングやケイシー病院での治療から帰宅してからは、彼の態度は全く変化し、今では神が存在していることがわかると家族に語っていました。確かな証拠は、自分の人生を他人を助けるために捧げている一人の男、ケイシーそのものを観察することから得ていたのです。父親の肉体は病のため助かりませんでしたが、彼の心の内の何かが深く癒されていたのでしょう。

変容の方法

あらゆる困難は新生のための可能性を含んでいます。しかし、それは、どのような困難であるかや、個人の性格によります。恐れや疑いが、この新生のプロセスを窒息させることもあります。他方、期待をもったポジティブな態度で困難に立ち向かうならば、新生のプロセスを助けることもできます。次に挙げるのは、困難な状況を躍進に変容させるための四つのプランです。

◎逆境を躍進に変化させる四つのプラン

プラン1、自分の状態を受け入れる

七五年間、運命の浮沈を乗り越えて生き続けてきたカンサス州の農場主に、若い知人が、どうしてそのように長い年月、彼の陽気な態度を人生に対して保ち続けることができたのかと尋ねました。年老いた農場主は「それは簡単さ。困った状態に陥ったら、君はただ起こりえる最悪のことを考えてそれを受け入れ、そしてそこから先に進めばいいんだ」と答えました。

その農場主はそれとは知らずに、精神科医カール・ユングがあらゆる状態を癒すために第一の必要条件として認めた法則に従って生活していたのです。ユングによれば「何事もまず受け入れられなければ変わることはできない。受け入れるまで、ある状態は近づき難く暗い影を落としたままだ」ということです。

同じ知恵が、昔の寓話にも見出されます。その物語によると、ある村が、恐れと悲しみで身動きできない状態にありました。というのも、一匹の竜が村の住民全てを貪《むさぼ》り食おうとしていることを村人たちが知ったからです。誰もが、遠い山の上のその竜を、恐れそのものと同じくらいに大きくぼんやりと見ることができ、雷のバリバリいう鋭い音より大きい、竜の恐ろしい唸り声を聞くことができました。

さて、見知らぬ若者がひょっこり立ち寄り、竜と戦うと言い出します。そして、村人が怖がっていた山に登っていきました。しかし不思議なことに、その若者が竜に近づけば近づくほど、竜は小さく見えてきたのです。彼がついに怪物の所に到着したときには、猫と同じくらいの大きさとなり、その恐ろしい唸り声は、猫がのどを鳴らす音のように小さくなっていました。若者はその生き物を脇の下に抱え込むと、村に戻って行きました。誰もが若者の話にびっくりし、彼らが恐れをなしていた小さくて可愛い竜を見て不思議がったのでした。そのとき誰かが竜の名前を尋ねました。すると驚いたことに、竜自身が話し出し、「私は世界中でいろいろな名前で知られ、恐れられています。

しかし結局のところ、『起こるかもしれないこと』という名前で知られているのです」と言いました。状況を受容するということは、あきらめることではありません。ユングによれば、この受容という言葉は、放棄よりもずっと積極的な意味をもっています。それどころか、受容は最も勇気のある対決姿勢ともいえます。なぜなら、それは状況を自分の目で正直に見ることであり、「わかった。お前をよく見つめ、お前が現実であることを受け入れるよ。さて今度は、私が何か行動を起こそう」ということだからです。

プラン2、状況に対して責任をとりなさい

日常の生活を覆《くつがえ》すような出来事が起こるとします。竜巻があなたの町を襲い、破滅的な被害を与え、あなたの家も破壊されてしまうかもしれません。そのような災難に対して、あなたが責任をとることなどできるでしょうか。表面上は不可能です。しかし、もしあなたが自分の身に起こったことに対して一切の責任を否定するなら、あなたは自分をその不運な状況の「犠牲者」と考えてしまうでしょう。この種の「被害者意識」はいかなる種類の発展も導きません。

輪廻転生の理論は、こういった疑問に取り組む際に役に立つのです。状況から考えればあなたが罪のない犠牲者に見えたとしても、あなたは心の中で、自分の魂の深い部分の何かが故意にこの経験をあなたに引き寄せたのだと断言できるでしょう。ただし、この前世という見方を導入することの危険な点は、「私は前世で、このような運命を受けるに値するどんなひどい行為をしたのだろうか」

という困惑させるような質問をして、横道にそれてしまうことです。

　不幸なことに、その問いに対する信憑性のある答えを思いつくのは不可能であり、私たちの魂の遠い過去に関する謎は、あいまいなまま残るでしょう。そのうえこのような見解は、今、ここに起こっている出来事よりも、過去の出来事に焦点を置いてしまいがちです。重要なことは、現在、この経験からどのように成長できるかということです。納得のいく考えは、輪廻転生の考えを、現在のこの瞬間を私たちが受け入れることができるような道具として利用し、私たちの生活のあらゆる局面に対して責任をとることなのです。

プラン3、その状況を扱うのに必要な性質を確認する

　あなたは、「もし私がこれを乗り越えられたならば、きっともっと強くなれるだろう」と誰かが言うのを聞いたことがあるでしょう。この言葉には知恵が含まれています。しかし、現実の人生で生じる危機に取り組むには、その困難な状況が我々の内面からどのような強さを引き出そうとしているのか、について、もっと具体的に認識した方が有益です。ある危機的状況は、自己主張を求めるかもしれません。あるいは、あなたにやさしさを発揮させるでしょう。ある問題は、他人に左右されない自分を求めるかもしれません。別の問題は、与えることと受け取ることのバランスを達成することを学ぶように求めるかもしれません。

　重大な問題に直面したときには、本当に求められていることが何なのかをはっきりさせることで

す。その危機を創造的に扱うために必要な性質や特徴を認めることによって、あなたは躍進するのです。その特徴を発達させるために積極的に努力するにつれて、あなたは、もはや環境の犠牲者ではなく、変容の旅の途中にあるヒーローやヒロインになるのです。

プラン4、希望をもち続けること

希望する能力があるというその事実が、魂が存在するという証拠になるのです。一九一四年、家庭生活上の問題に悩んでいたある女性が、ケイシーのもとを訪れました。彼女は夫が不誠実なので離婚を考え、また同時に子供ともうまく行っていないと感じていました。なぜ自分は生活のいろいろの分野で失敗してしまったのかを、繰り返しリーディングに尋ねました。ケイシーはそれに対し、彼女はこれまでも失敗などしていないし、もし希望を失わずに努力すれば、これからも失敗することはないと強調しました。

最悪の状況でも喜んで受け入れている前述のカンサス州の農場主は、彼の成功の哲学を次のように要約していました。「最悪の状態のために準備をし、最高の結果を希望すればいい」。希望する心がなければ、先の三つのプランの全てが失敗することになるでしょう。希望とは、危機を通して自分を理解し、躍進へと向かわせる性質なのです。

希望の重要性が、私たちの社会で常に認められているわけではありません。これは、ヒーローやヒロインに対する私たちの通俗的な概念があるためかもしれません。つまり、私たちのヒーロー・

モデルたちは、ジョン・ウェインのように動じないで、揺るぎない自信をもってあらゆる挑戦に立ち向かっており、勝利は目の前にあるのですから、希望など必要ないわけです。しかし、現実世界の生活ではそういきません。

混乱ばかりでなく、無秩序にさえも私たちは打ちのめされます。もちろん本質的に、危機とは人生を再組織化する際に必要な混乱期を含んでいるものです。いろいろなことが混乱状態にあるとき、希望が私たちに活動を続けさせてくれるのです。人生の全工程は、誕生とともに始まる一連の危機と見なすこともできます。その後に起こるあらゆる変化も、また一種の誕生でもあります。

それらは青年期の挑戦であったり、成人期の試練であったり、より生産的な晩年のために強制的に自分の人生を再組織し、準備させるための中年期の危機であったりします。その他の深刻な危機は、思いがけなくやってくるかもしれません。しかし、あらゆる危機は、私たちに新たに人生を作り直すチャンスを与えてくれているのです。死でさえも、それを通して私たちが新しい次元の人生へと再び生まれ変わるための一つの転機なのです。

あらゆる危機において、私たちは新しい人生、新たな成長、そして物事をより深く理解するための好機に出会うのです。ときには、この期間を乗り越えるには私たちの全エネルギーが必要とされるかもしれません。「にっちもさっちも行かない」状態で、あるいはそこから抜け出る方法がないと感じられるかもしれません。しかし、攻撃してくるエジプト軍から逃げる際、突然海の水が分かれてできた道に自分たちの希望をかけたユダヤ人のように、新しい陸地への躍進という希望が「ある」

ことに気づいて驚かされるものなのです。

まとめ

人生を振り返ってみれば、いろいろな危機が思い出されるでしょう。あるものはささいなこととして、過ぎ去ってしまったことでしょう。もっと深刻で長期にわたる出来事もあったかもしれません。そのうちから一つを選び出し、その危機を建設的な転機にするために、あなたがどのように対処したかを評価してみましょう。一つの危機を選んだら、以下の質問を順に自分に問いかけてみてください。

一、その自分の状態を受け入れる気持ちをもっているか
二、その状態に責任をもっているか
三、私がこの状態を取り扱うのに必要な性質とは何か
四、私は希望をもっているだろうか

同様にして、あなたがこれまでうまく適用してこられなかったステップに対して、注意と努力を注いでみましょう。

法則3　全てのことは理由があって起こっている

エドガー・ケイシーのもとにリーディングを求めて訪ねて来たり、手紙を書いてくる人の大部分は、困難な人生に不快感を抱き、苦しんでいる人たちでした。最も多かったのは、肉体的な病に苦しんでいる人たちです。二番目に多かったのは、心の内に悩みを抱えた人たちです。彼らは、ケイシーが人生の意味について語る「ライフ・リーディング」というものを求めたのです。

この特別なタイプのリーディングは、興味をそそる過去世の話が出てくることで有名です。このカテゴリーに含まれる二〇〇〇件近くのリーディングの一つ一つには、その個人が、自分の才能や困難についての洞察を得るための三つから六つの短い物語が含まれていました。しかし、ケイシーは透視者として得たそれらの映像で、人々を楽しませようとしていたわけではありません。リーディングの最も重要な目的は、自分たちの生まれてきた人生の目的を理解し、自分の天職を見つけるために個人を手助けすることでした。

私たちは、こういった理解がいかに価値あるものであるかを忘れがちです。心臓病のような重い病気になったときはもちろん、消化不良のような一時的な体の不調でさえも、助けを必要とするものです。しかし痛みや不快感なら、通常はその器官を指摘することができますが、心の傷の場合は同じように救済を必要としているのに、表面的にははっきりしないため、心が救済を必要としていること自体が隠されやすく、痛みを確認するのさえ困難な場合が多いのです。

最も度々起こる魂の悩みは、意味を見失うことから来ます。物質的な肉体が空気や食料、水をとらなければならないのと同じように、人間の魂は「生きるための意味」が必要なのです。「人生は私に何を期待するか」『私の人生の目的は何か』『私の人生における意味をどこに見つけたらよいのか』。これらの質問に対するケイシーの答えは、非常に希望に満ちたものでした。それは「あらゆる人生は重要であり、それぞれの人が演ずるべき役割をもっている。人生とは、あなたが生まれる際に決めてきた使命を果たすことをあなたに期待しているものだ」というものだったのです。

ケイシーは、それぞれの魂が、そのような使命をもって地球での経験をするためにやってくると示唆しているのです。また私たちは全て、世界を作るために重要な貢献をしているのだとケイシーは言います。誰もが特別な使命、達成すべき課題をもって生まれて来ており、その特別な目的はあなたの手の届く範囲にあり、その目的を遂行するために必要な才能も、すでに十分に身についているのだとケイシーははっきりと述べているのです。

運、不運を導くものは何か

出来事は無秩序に起こり、混沌とした状態に満ちているように見えるこの世界で、人はどのようにしたら迷路の中に自分の道を見つけ、霊的な使命を達成できるのでしょう。私たちは単なる運の問題ではないのだろうかとか、成功は予測できない幸運に支配されているのではないか、とさえ思ってしまいます。しかし、たとえ物事が無秩序で混乱しているように見えても、隠れた力が私たちの人生経験を導いてくれているのです。

ルドルフ・シュタイナーは、輪廻転生《りんねてんせい》やカルマについての内的な働きについて講演する際、聴衆に次のような思考練習をしてみるように勧めました。この練習問題は、何かの問題――特に目的など全くないように見える難しい問題、「なぜ私に起こっているのだろうか」と考えたり問いかけたりするだけでも憂鬱になってしまうような問題――の陰に隠れた意味に、私たちが気づくように作成されています。この思考練習を完成させるためには、まず最近あった自分にとって不幸な出来事を選び出す必要があります。その選択が終わったら、もう一人のセルフ〈自己〉があなたの中に住んでおり、その自己は通常の自己よりはるかに知恵があると想像してみます。この上位自己〈ハイヤーセルフ〉は人生の状況を組み立てることができ、通常の意識をもった自己をその状況に導いてくれ、また、目的や課題を与えるような環境を設計してくれるのです。

まず自分が、そのハイヤーセルフであると想像してみましょう。あなたの通常の自己が不運だと決め付けた特定の事件を思い出してください。なぜそのような一連の環境をあなたが作り出したのか、覚えていますか。この状況を作り出したときに心にあった学びや成長するための機会とは何だったのか、ということを自問してください。

この思考練習は容易でないこともあります。通常の意識が非常に抵抗する場合があるからです。そして、例えば「誰かのせいでこうなったので、この不運の責任は私にはない」という打ち勝ちがたい議論を通常の意識がもち出すかもしれないからです。また、「私のハイヤーセルフは、絶対にそのような企みはしない」といって自らを正当化するかもしれません。それでもシュタイナーは、この練習を辛抱強く続けるべきであると指示しています。

事実、人生のあらゆる状況はある目的をもって起こっており、ときには苦しみを伴ったとしても、どんなに面倒な出来事のうちにも、そこには深い意味が見出されるのです。ケイシーは人々に、人生には目的があると教える際には、この基本的な考え方を繰り返しました。「全ては理由があって起こるのだ」と。

人格（パーソナリティ）と個性（インディビジュアリティ）は違う

「人格」とは主として、思考、感情、行動、社会に対する反応の仕方を、型どおりのやり方で習慣によって行うという役割を果たしています。これは、物質世界で生活するには必要な要素であり、それによって、車を運転するとか、食べる行為などは、十分に意識しなくても効率的に行うことができます。しかし、人格とはどこからやってくるのでしょう。多くの人にとって、通常の人格は模倣の産物だといっていいでしょう。幼い頃から私たちは、両親、先生、本、ラジオ、テレビ等から行動のパターンを学び、それをまね、大人になってからもそれを続けています。しかし、この通常の自己が権威を主張し過ぎると問題が起こるのです。つまり、

①習慣的なパターンが、全てのことをコントロールし始め、

②あなた自身と人格とを完全に同一視し始めることによって、個性を忘れてしまう

一方の「個性」とは、ある意味では真実の自己であり、永続性があって、一つの人生から次の人生へと続いていくものです。「個性」には本物の創造性や自由選択の能力があるのに対し、「人格としての自己」は習慣に根ざしており、意志を働かせることはほとんどありません。

魂がある生涯のために選んできた使命は、個性の中に存在しています。自分の使命に関する知識を得て、それを達成するために必要な手段に近づくのは、あなた自身の個性、つまり意志という側面からなのです。確かに人格は、魂の目的のために演じる役割をもっています。しかし、その活動は個性の方向に向けて敏感に反応することが必要なのです。

また通常の自己は、ハイヤーセルフを表現するための伝達手段になることができますが、人格が、長年にわたってある技能や能力を開発したとしても、その才能はそれだけで意味ある人生を作り出したりはしません。才能は、決まりきった非生産的なやり方に陥ったり、利己的な動機によって指図されたりしがちだからです。しかし、これらの能力を完全に創造的で、世界に奉仕するために、個性が使うようになれば、あなたは自己の魂の使命を達成し始めることになります。

目的を見つける

「自分の魂の正確な目的」を見出す方法ですが、幸運にも数百人の人たちは、ケイシーのライフ・リーディングによって正確な指示を与えられました。しかし、もしあなたを助けることのできる優

秀な透視者をあなたが知らないとしたら、どうすればよいか――。

まずあなた自身を信じ、そして人生を信じなくてはいけません。また人生には目的があり、出来事は理由があって起こるということを信じるべきです。ケイシーは、毎日何かが起こるのは、あなたを軌道に乗せるためにチャンスを与えてくれているのだと言っています。私たちの大部分は、このような状況を無視し、または誤解しているという悲しい現実があります。私たちは誤って、これらの状況をいらいらさせること、不快なこととして解釈しているのです。というのも、「なじみの人格自己」が支配している状態を続けたいからです。この自己は、訪れたチャンスの瞬間を、自己の権威と習慣的なパターンに対する挑戦と感じるからです。

あなた自身を信じることは、自分の偉大さを受け入れることでもあります。あなたも、そして出会う他の誰もが、皆、驚くほど素晴らしい存在なのです。しかし、そうはいっても、私たちは普通、この「素晴らしい存在」という言葉を、一般大衆から際立つエリート層に属する人たちを意味すると考えているので、これは非論理的に聞こえるかもしれません。

でも、あのユニークで複雑な模様をもつ雪の結晶の一つ一つも素晴らしいのではないでしょうか。夕焼け空や稲妻の光も素晴らしいもののうちに入るでしょう。人間の魂もそれらと同じなのです。一つ一つの魂が、素晴らしい才能と感受性がユニークに混じり合う存在なのです。全ての魂は、存在しているその地域社会や世界に対して、注目に値する働きをするようにと用意されている存在なのです。それなのに私たちの多くは、自分自身が偉大であるということに恐れを感じているのです。

こうした傾向は、人間学的心理学の創設者の一人であるエイブラハム・マズローによって最初に明言されました。彼は、たとえ私たちの全てが自分の生活を改善したいという衝動を抱いたとしても、多くの人は進歩して偉大になるのを避けようとしていると言ったのです。『人間性の最高価値』（誠信書房）の中でマズローは、この気持ちを聖書に出てくるヨナにちなんで、「ヨナ・コンプレックス」と呼びました。ヨナは、神が彼に期待した預言者としての天職を拒絶したのです。自分の運命や可能性をこのように回避するのは、マズローが表現したように、「自分が最高の瞬間を手にすること」への恐れが原因です。

自分自身とその人生を信じる勇気を奮い起こしたとき、魂の目的を見つけ出すための次のステップは、ケイシーのライフ・リーディングが示している結果に従いながら、まっすぐ前に進むことです。ケイシーは、彼のリーディングを受けた人たちとともに仕事をし、彼らが次の四つの質問に答えられるように手助けしました。あなたも、注意深く正直な自省によって、自分の回答を見つけることができるのです。

一、霊的な理想とは何ですか

あなたがこれまで精神的に最高だと思えた瞬間、あなた自身やその人生において何が最高の真実であると気づいたでしょうか。めったにないことかもしれませんが、あなたの見せかけの性格からくる問題や他人からの要求、忙しい日程などが、わずかでもなくなる瞬間に、あなたの心の内にはどのような感情が湧いてくるでしょうか。そうした最高の経験とは、あなた本来の自己の目を通して、人生を垣間見たということなのです。

このような瞬間に思い出したものは、あなたの霊的な理想といえるものです。この理想は、厳密には「今の生涯における使命」ではありませんが、使命が示される元となる意識状態、あるいはその場所の特徴を説明しているのです。その例として、霊的な理想を明らかにしたいと努力している四人の人物が選んだ言葉やフレーズを紹介します。それらは、「喜んで身をゆだねる」、「自由」、「平和な創造性」、そして「恐れのないワンネス」という言葉でした。

二、鍵となる才能や能力は何ですか

ケイシーは優れた能力を用いて、ライフ・リーディングを与えた人々の長所や素質を概観してくれましたが、残念ながら現在それはできません。それでも、あなた自身が適性や過去の成功についての記録を作れば、それによって必要な要素を見つけることができるでしょう。それらを列記する際、これまであまり使うチャンスがなかったような隠れた才能も含めるようにするとよいでしょう。それは決まりきった日常生活では使われることのない、もっと高度な本当の目的のために使えるような能力のことです。

「人、物、情報を扱う技術」を自分のものにすることが重要です。この三つの古典的な分野にこそ、個人的な強さが存在しているものです。また過去の最も重要な成果を思い出し、その際に必要だった能力を確認しましょう。たぶん、注目すべき才能や技術を、六つから一〇個ぐらいはリストアップできるでしょう。

三、使命の本質を捉えているのは、どのような言葉でしょうか

自分の魂の目的を短いテーマに要約してみることは、あなたが生まれてきた目的を促進するための手助けにもなります。ここで言っているのは、「愛情深いこと」とか「神に仕えること」などという抽象的なテーマではなく、もっと具体的な事例です。そういった抱負は誰もがもつものです。あなたの使命を表す言葉は、才能とかその状況で行おうとしている内容に、正確に一致する必要があります。

通常、四つから一五くらいの言葉で表されるその使命のテーマは、あなたが才能をどのように使おうとしているか、またどのような種類の創造的な貢献を提供しようとしているかを表現しています。しかし、それは単に大工、弁護士、秘書といった職業を定義するものではありません。あなたの使命は、生活費を稼いでいる職業を通して達成されるかもしれないし、そうではないかもしれないのです。ことによると、あなたが自由時間に行っている活動や、いわゆる趣味を通じて、達成される可能性だってあります。

次に挙げる四つの使命の言葉を見てください。最初の二つは、ケイシー・リーディングからのものので、あとの二つは、自分自身で魂の目的を見出した人たちのものです。

○人生の過渡期にある人々を支援すること
○ある人の素晴らしい考えがよりよく理解されるように、その考えを編集したり、新しい形にしたりすること
○平和の代弁者であること
○世界において、新しい考えの刺激剤であること

四、使命の言葉を、行動に移すにはどうすればいいでしょう

人生の目的を知ったからといって十分ではありません。応用こそが大切です。ただ少しずつ始めてみればいいのです。あなたの使命の言葉が正確であるかどうかを試す、二、三の実際的な行動を含む計画を練り上げてみましょう。というのも自分の言葉を実行に移すまでは、自分の使命を正しく確認したかどうかが確実にわかったとはいえないからです。

もちろん、小さな試みの全てが、興奮させるほどの成功を収めることは期待できないでしょう。しかし、実際にあなたが正しく使命に気づいているなら、そのうちの幾つかは見分けがつくくらいの成果は生むはずです。励みとなる徴候として、次のようなことを探してみましょう。

○非常に大きな喜びを感じる

○いろいろな出来事が、タイミングよく最適の時間・場所で起こる
○他人の幸せを見る
○神の存在をより近くに感じる
○人生の全てが、いかに目的をもったものであるかが認められる
○まるであなたを超えた存在からやって来るかのような、限りないエネルギーが感じられる

人生の目的とカルマに打ち勝つこと

これまで、社会に貢献するような創造的な使命を中心に考えてきましたが、人生の目的には、他にも二つの側面があると言わなければなりません。一つは、「未来の転生のために、才能を開発しておく」ということです。通常私たちは輪廻転生の理論を、時間をさかのぼって考え、過去に自分が誰であったか、何をしていたかといったことに興味を抱きますが、この考えを、そのまま未来を当てはめてもよいのです。つまり、私たちはここからスタートすることにもなっているからです。ちょうど今、私たちは「未来の人生で芽を出し成長する種」を育てているようなものです。

人生における目的の一つは、未来の自分の使命にとって不可欠である技能や能力を開発するために、今勉強を始めることにあります。私たちは、「転生の準備」と呼べるかもしれないこと、すなわち、これから生まれ変わる人生のために、意識的な準備を実践することができるのです。

人生の目的のもう一つの側面は、過去世からの悪いカルマを克服することにあります。私たちは

誰でも、直す必要のある利己心や考え違いのパターンを身に付けて転生してきています。このカルマの克服という仕事は、創造的に世界に貢献する使命とは全く異なっています。しかし、カルマのもつパターンは、大きな進歩が使命によって達成される前に解消しておく必要があります。この点については、いつもベッドを濡らす一一歳の夜尿症の男児へのライフ・リーディングで説明されています。ケイシーは男児の両親に対して、この困難な状況に役立つ医療的なアドバイスを与えました。しかし、ケイシーは続けて、霊的な観点からの問題を語り、一つの過去世が詳しく述べられたのです。

この少年の魂は、ニュー・イングランドの魔女裁判が行われていた時代に、司祭として転生していました。彼は、霊的存在の声を聴いている子供たちを認定する責任者であり、また悪魔の影響を受けている子供たちを浄化するためと言って、子供たちが池に沈められるのを眺めていました。明らかにこれは、子供たちにとって心の痛手であり、苦しい経験でした。そのためにこの魂は、そのような独善的な振る舞いの罪悪感を心に留めていたのです。今一一歳である今回の人生において、この魂は、夜ベッドを濡らすことによって象徴的に水に濡れ、一種の罰を自らに課していたわけです。

ケイシーは続けて、もっと建設的だった他の二つの転生についても話しました。古代ギリシアにおいてこの魂は、幾つかの芸術の分野で大きな業績を残しました。また旧約聖書の時代には、彼はヨシュアの友人であり、霊的指導力の天賦の才能について学んだのです。ケイシーはリーディングを続けて、この魂が今回転生した使命を正確に確認しました。すなわち、その使命とは表現手段として芸術を使って霊的なリーダーとなるということでした。

しかし、リーディングは男児と両親に、魔女裁判時代からの悪いカルマが影響する可能性があると警告しました。男児は夜尿症を一四歳になる前に克服しなければ、自分に対して貧弱な自己イメージしか発展させられず、大人になってもその優れた才能を示すことはないというのです。残念ながらケイシー・ファイルには、男児や両親とのその後のやりとりはありません。そのため、その後何が起こったかは不明です。

それでもこのケースは、他の多くの事例とともに、私たちが転生してくる目的についてのケイシー哲学の重要なテーマを説明してくれています。つまり私たちは全員、重要な理由があってここにいるのだということです。それは他の人々が必要とするもののためでもあり、またこれからの人生（来世も含めて）において焦点を合わせるべき目標のためでもあります。過去における間違いや悪行を正すという意図もあり、この全てを今回の人生で行っているわけですから、私たちの人生が忙しいのも当然でしょう。

まとめ

人生を注意深く見るには、二つの基本的な方法があります。人格と個性です。最悪と思える人生の状況においてさえ、何らかの目的があるという見方ができるのは個性という観点からでしょう。

ではここで、人格から個性へと観点を変える「思考練習」を実践してみましょう。

一日の終わりに反省し、特に心を乱された一つの状況――意味も目的もなく現れたような状況――を入念に観察してみます。次に、自分より賢くて、成長への必要性をよくわかっているもう一人の自己を思い浮かべます。気づきを増加させ、あなたはその自己に、しばらくなりきってみるのです。ほんのしばらくでも、人格の自己を脱ぎ捨て、「個性としての自己」になったと感じられたら、次の質問をしてみましょう。

いったいどんな目的で、あのような困難な状況になったのか、「人格としての自己」には、はっきりわからなかったけれど、その出来事の目的は何だったか――。そして手にした答えで、その困難に存在していた好機とは何だったのかを理解しましょう。

法則4　怒りを正しく扱えば、良い目的の役に立つ

一九四三年のこと、バージニア州のバークリーから三九歳の主婦がいくつかの問題に対する回答を求めてケイシーのもとにやってきました。当時の彼女を悩ませていた問題は、今日の多くの人にとっても同じように永遠の問題でした。

「私たちはなぜ、失望や欲求不満を経験するのか」
「どのようにしたら人間関係を改善できるのか」
「人生における真の目的とは何か」

これらの質問に答えるため、ケイシーはまず彼女の個性を見ることから始めました。リーディングでは、占星術の象徴的な意味を使いながら、まずこの女性の性格を描き、その中で、火星の影響が強いと述べられました。言い換えれば、ケイシーが「正しい怒り」と呼んでいる怒りっぽい傾向が彼女にはありました。

リーディングは、彼女の理想を明らかにし、理想の形成を助けた前世でのある経験に言及しました（輪廻転生の概念は、個人的なアドバイスを求めたほとんどのリーディングに現れるのです）。そ

して、この女性の怒りっぽい気性の原因ですが、十字軍時代の前世で、リシュルーという名のフランス人男性として生きていたこの魂は、高い目的意識をもって武器を手にし、十字軍に参加しました。しかし、リーダーたちは表向きは高尚な大儀に忠誠を誓っていたのに、その実、偽善的な行動をしていたので、十字軍が非常に期待はずれで、自分が抱いていた理想を達成する見込みが全くないことに、この兵士は気づいたのです。

この実感は、リシュルーに非常に大きな失望と落胆をもたらし、十字軍の最初の目的が、いかに歪められ悪用されているかを見て、彼は非常に腹を立てました。その怒りは、中世の歴史の中に埋もれてしまったわけではありませんでした。この感情的なパターンは、いまだにこの魂に影響し続け、実際にその怒りの感情は、第二次大戦中のバージニアから来たこの母親の心にまだ生きていました。

偽善的な行為や方向の誤った理想は、彼女の中に「正しい怒り」の感情を生み出していました。リーディングでは、この性格を励まし、彼女は怒りを感じてもいいし、罪でもないと述べています。言葉を変えれば、正しい怒りは美徳であるということです。

次いでケイシーは、この人物を透視的に分析し、「腹を立てない人物は非常に弱い、しかし、怒りをコントロール出来ない人物はもっと悪い」と言い切りました。この結論は意外な展開です。確かに私たちも、怒りをコントロールできない人は、その感情のある部分を癒す必要があることに同意します。しかし、「怒りの感情が欠如していることも同じく問題だ」という議論は奇異に感じられるかもしれません。実際、多くの霊的な伝統では、怒りを霊的成長の障害だと考える傾向があるからです。内的な平和が人間の目的であるため、ある種の静かな充足感が目標であり、怒りや欲望を知らない冷静な平安が、唯一の至福の喜びであると、私たちはしばしば思い込んでいます。しかし、そのような前提は本当に現実的なものかどうか、人間に与えられた性質である怒りを抑えることが、本当に適切なのかどうかが問題です。

私たちの誰もが、怒るとはどのようなことかを知っています。この怒りという感情については、ほんの小さな幼児でさえも十分に発達しているように見えます。私たちの霊的な成長のためには、本当に私たちの個性から全ての怒りを取り除くことが必要なのでしょうか。そうではなく「怒りに適切な場所を与えてやる」ことで、私たちの強く望んでいるような未来を創り出すことが可能になるのではないでしょうか。

ネブラスカの北東部に家族とともに住んでいる農場主の妻の物語を考えてみましょう。この女性は非常に宗教心が強く、キリスト教の理想に従って誠実に生きたいと願っていました。彼女はある日曜日、黙って耐える美徳についての説教を聞き、心の中で、この美徳を家族との関係に応用しようと誓いました。

自らに対し霊的な修養法を選ぼうとするとよく起こることですが、この誓約を試す機会はすぐにやってきました。その月曜日、彼女の夫は農場で仕事をして帰ってきて、彼女が磨いたばかりの床に、泥の足跡をつけました。彼女は何も言わずに、夫の後からきれいに掃除し直しました。その後、子供たちが学校から帰ってきて、彼女が焼いてあったクッキーをわし掴みにすると、「ありがとう」とも「ただいま」とも言わずに、急いでテレビを見始めました。彼女はこの礼儀のなさにも黙って耐え、彼女の決めた修養を一所懸命に続けました。夕方までずっと同じような出来事が積み重ねられましたが、みんなが寝る直前、とうとう彼女の堪忍袋の緒が切れました。

彼女が話している途中で何かの用事を頼まれ中断されたため、手に持っていた編物を放り出し、居間で立ち上がって家族を睨みつけ、大声で叫んだのです「いいかいお前たち、私は一日中黙って我慢していたのに、誰一人気づきもしない。もうたくさんよ。頭に来たわ！」

その後何年も、このちょっとした家庭内の出来事は、この家族のお気に入りの語り草になったものです。全員がこの経験から何かの教訓を学んだのです。夫や子供たちは、礼儀正しさや感謝について教えられ、この女性は、怒りが意志だけで消すことのできる感情ではないことを知りました。彼女の場合、怒りを抑えることは単にその強さを増しただけでした。怒りは、対処されなければならない力なのです。どのように対処したらよいかを知るために、まず、この強力な感情の性質をもっと詳しく眺める必要があるでしょう。

怒りとは何か

ケイシーの資料では、怒りを人間の気質の基本的な要素の一つであると記述しています。そして、人間のあらゆる領域の特性を表す際に、占星術の象徴的な意味を使っています。例えば、木星は知的な活動を象徴し、金星は愛や魅力の力を表し、火星は独断、激しさ、怒りや激怒を表します。このように、それぞれの惑星は、人間の特性の本質的な一部分を表象しているとされています。

霊的成長は、これらの基本的な部分をどのように扱うかという観点から理解することができるでしょう。その目的は、これらの性質を建設的に調和させ、方向づけすることであり、取り除くということではありません。また目標は、人間というジグソーパズルの断片に内在する価値観、動機、理想をもつことです。断片の一つ一つが活力をもち、それぞれが演ずる役割をもっているのです。だから、怒りは善でも悪でもなく、ただの怒りなのです。知性や愛と同じく、怒りは私たちの誰もが対処しなければならない生命力の一側面なのです。それがあなたを邪魔する難点になるか、霊的に成長する足がかりになるかは、あなた次第です。

バージニア州バークレーからやってきた主婦に対するケイシーのリーディングは、適切なものでした。彼女の激しやすい性質に触れてケイシーは、「それでいいんだ」と言いました。彼女の正しい怒りを奨励することとさえしました。しかし、リーディングはすぐに続けて、彼女の中の神聖な目的を最優先するよう警告し、怒りは強力な道具ではあるが、霊的な理想を邪魔するようなことがあれば、障害物になると言い添えることも忘れませんでした。

怒っていいのはどんなときか

一〇歳の少年が、運動場から家に帰る途中で財布を見つけました。財布には、身元を確認できる物とともに数ドルが入っていました。少年はそれを念入りに調べながら、次のような有名な言葉が頭をかすめたのでした。「発見者が所有者である」。このちょっとした正当化を武器に、財布からお金をとり、本体は捨ててしまいました。家に帰りながらこの少年は、キャンディなど安物の駄菓子やおもちゃを売っている店に回り道をし、いろんなおもちゃに散財してしまいました。家に帰って彼は、無邪気な正直さで、自分の母親にこの新しいおもちゃをどのように得たかを説明しました。「発見者が所有者」だというのは確かに一つの法則ではあります。彼は単にそれに従っただけでした。

母親の反応に、彼は驚き、ショックを受けました。彼女の顔は、まるで西からやってくる夏の嵐のようでした。彼女の声は雷鳴のように聞こえ、少年は、自分が重大な過ちを犯したことを、心の痛みを伴いながら突然にはっきりと認識したのです。

だが物語はここで終わるわけではありません。そこには、怒り以上の教訓がありました。まず、その少年は、すぐに自分が新聞配達で一所懸命稼いで貯めたお金から現金を返すことにしました。次いで彼と母親は、運動場の方に歩いて行き、捨てた財布を探しましたが見つかりませんでした。何とか本人に返したいと思いましたが無理なので、仕方なく、少年は近くの店の店員に、「もし財布をなくした人が立ち寄ったらこれを渡してください」と頼んで、返却するお金を手渡しました。

この出来事の強烈な印象は、決して少年の記憶からなくなりませんでした。大人になってからでさえ、この記憶は、他人の財産や所有物に対する彼の態度に影響を与え続けたのでした。この場合における彼の母親の怒りは正当なものであり、役に立ったわけです。その怒りは、愛――息子に対する愛と、道徳的な基準からの愛――から生まれたものです。怒りは、非常に効果的に教えられた重要な教訓に「適用」されました。ひとたび、少年の態度や行動が修正され、弁償がされたら、母親の怒りが消えてなくなったことにも注目する必要があるでしょう。

あいにく、全ての怒りがそのような崇高な感情から生ずるわけではありません。ときには、欲しいものが手に入らないために怒るとか、努力がうまくいかなくて腹を立てる場合もあるでしょう。自分が正しく理解されていないと思って怒りを感ずることもあります。通常、このような怒りの形は、自分自身に抱いているゆがんだイメージに関連づけられます。それらの怒りは、適切な自尊心の欠如に起因するか、私たちが他人よりもっと重要であると信じているために起こります。

怒りを建設的に使う

もし、怒りによって生じたエネルギーが、あなたの最高の理想に向かって使われるならば、奇跡を起こすことができます。もちろん、怒りを創造的に使うことにより達成された奇跡は、個人的なものをはるかに超えているかもしれません。

一九七〇年代のこと、ロサンゼルスに住むある女優は、彼女なりにがんばっていましたが、仕事への挫折感に嫌気がさし、近所のイタリアン・レストランでの規則的な仕事に落ち着くことにしました。数ヶ月の間、彼女は規則的な時間と安定した収入という、その仕事が与えてくれる安心感に喜んでいました。そして「嵐の中に港をもっている」のは、幸運なことだと感じ、ショー・ビジネスの仕事に再びチャレンジしようという意欲をなくしていました。

そんなある晩、彼女は以前のクラスメートや友人たちの多くと、気楽な夕食会を開いていました。必然的に会話は、一人一人が何をしていたかという話題になっていきました。「相手を出し抜く」という明らかな雰囲気があったわけではありませんが、その若い女優は、しばらくすると耳がほてり心臓がドキドキするのを感じました。というのはテーブルに座った一人一人が、最近の計画や試みのあれこれを話すのを聞くにつれ、自分が芸術的な才能の訓練をあまりにも怠けていたことに気づき、自分にひどく腹が立ってきたからです。

彼女の動揺はその後数日間続きました。古代ギリシア人なら、彼女の「サモス」が活性化されたと言うでしょう。ケイシーなら、彼女の火星が優位にあると言ったかもしれません。単純明快な話、彼女は怒ったのです。彼女は何かをしなければなりませんでした。では何をしたのでしょう。

彼女はこの問題に取り組み、ついに夫と協力して、ある計画を考えつきました。夫の助けを借りながら、教会のために一人芝居を創作し、上演することにしたのです。この上演が非常に好評だったので、結果として自分自身をもっと受け入れられるようになりました。そのときには気づかなかったのですが、まさに「やる気」が始動したわけです。しばらくして、数人の劇場関係の友人が次の上演計画に興味を示し、彼らも参加することになりました。この二番目の劇の上演も成功裏に終了すると、さらに続けて上演されました。

しばらくして気がつくと、彼女の教会は広範囲な地域社会への奉仕活動に、全く新しい形、質の良い劇場という形で携わっていたのです。この慣習は、この若い女優とその夫が引っ越してしまった後も、数年間続いたということです。この教会が地域社会に与えた小さな奇跡は、ただ、女優が自分の怒りを何か創造的なことをする動機づけにしたために、現実のものとなったわけです。

怒りを正しい方向に向ける

怒りの好戦的で独断的な側面には、適切な指導が必要です。そして私たち自身の弱さ、愚かさ、自己欺瞞、愛着、不注意を修正するために、怒りは最高のものです。ハイヤーセルフが責任をとり始め、私たちの活発で熱烈な側面を動かし始めると、怒りは私たちの霊的な成長を加速していきます。「あなたに何かをさせたり、変えるために、怒りの気持ちを動機づけとして使いなさい」ということです。

まず、怒りにあなたを刺激させ、自分の状態を変えるのです。次にその衝動であなたを活気づけ、さらには周りの世界を改善し、より良い未来を創造するのです。この鍵となる法則を理解できず、この創造的・内的な方法で怒りを利用できないとしたら、それを外に向けてしまうことになり、自分だけでなく、社会組織にも破壊的な状況を引き起こす可能性があります。

十字軍として知られるキリスト教史の時代は、人間の活発で好戦的な性質の誤用が最もはっきりした例といえるでしょう。「戦士の理想」が頂点に達し、その時代について書かれた文学作品の多くは、戦争や戦士の美徳を賛美するものでした。キャメロット、アーサー王、円卓の騎士など、高く評価されている伝説は、十字軍の時代に作られたものです。この時代の最高の仕事は聖戦でした。この時代においてさえ一部の人々は、戦士の倫理というものが、キリストの理想を欠いていることに気づき始めていました。吟遊詩人たちは、この戦士のエネルギーを、心の中や、自分自身の徳性を洗練する方向へ向け直す必要性を認識し始めていました。この気づきは、最終的に聖杯を探す伝説として文学に著され、霊的な理想として象徴化されました。

物語の中では、威張ったり、自慢する騎士は、聖杯を手に入れることに失敗します。一方、成功する騎士たちは、忍耐や、誠実さ、思いやりといった内的な徳性を試された後に、ようやく目的を達成する――といった筋立てによって、戦士の理想を正そうとしたものでした。

私たちは誰でも、ある意味で戦士です。サモス、火星、怒り……これらは、誰もがもっている性格の一部であり、その特性を消すことができないとしても、どう扱うかを学ぶことはできるのです。怒りとは、もう一つの力のようなものです。それは破壊する力と、創造する力をもっています。その使い方やコントロールによって、苦しむか、利益を得るかが決まるといっていいでしょう。

まとめ

ここでのレッスンは、日常生活で、必ず周期的に起こってくる怒りを、建設的な方向に向けることです。あなたが、ある状況に怒りを感じ始めたら、爆発と抑圧という非生産的な選択肢以外のことを試みましょう。

まず激しい怒りを感じ、その潜在的な力に耳を傾け、経験してみるのです。次いで、怒りの気持ちを動機づけとして使ってみます。それが刺激となって、何かを変えてくれるはずです。まずその状況に対するあなた自身の態度を変え、次にその状況を変えるようにします。最後に、その状況に対して何か行動をとってみます。それには怒りからでなく、怒りのエネルギーに基づいて行動することです。

法則5　弱点を強みに変える

古代の錬金術師たちは、風変わりで一見不可能と思われる仕事に情熱を傾けていました。鉛を金に変えようとしたわけですから。では内面的な性質での「鉛」とは何でしょう。そして「金」とは何でしょう。

個人的な弱点は誰の中にもある、ありふれた価値のない側面であり、芸術的才能、能力、特殊技能などの個人的な強みは、貴重な財産ということになるでしょう。何らかの錬金術的な魔法を使って、これらの二つの要素――弱点と強み――を関係づけられないかということこそ、エドガー・ケイシーが人々に助言し、与え続けた考えでした。ときには弱点が奇跡的に強みに変わり、欠点が財産になり得るのです。

また、弱点とは未発達な部分であり、健全で成熟した状態では現れない部分です。恐れ、不本意、無能力感、度重なる失敗……これらは弱点と考えられるでしょう。例えば、見知らぬ人に恐れを抱くとか、少しの危険でさえ恐れてしまう、あるいは論理的に考えられない、主張するのが下手で人に影響されやすいなどは、弱点として十分に発達していない側面だといえるでしょう。

別のタイプの人の弱点は、手段や機会を誤用してしまうことです。このタイプは、過度に何かをし過ぎる傾向があります。例えば、食べ過ぎるとか、必要以上に話すとか、人に対して攻撃的過ぎるとか、過度に神経過敏であるとかです。嫉妬とか貪欲、狭量などの利己的な表現をする人もまた、このタイプの特徴をもっています。これらはいわゆる欠点であり、友人や家族と最も問題を起こしやすいので、弱点ということになります。

誰もが弱点をもっているわけですが、不必要にその弱点に安住することは、自分を不快にし、あまりよい結果をもたらしません。しかし、人生には、全く新しいやり方でいくつかの弱点を経験する驚くべき機会があります。一種の錬金術的魔法によって、何かが出来事を好転させ、いつも弱点だと見なされていたものが突然に変容するのです。そうすると、弱点が強みになります。

錬金術師としてのエドガー・ケイシー

幸運にも、エドガー・ケイシーが自分に与えてくれたリーディングを読んだ何人かの人が、この変容の瞬間を経験しました。それは、自分たちの個人的な弱点に新しい光が当てられるのを目にしたといっていいでしょう。ケイシーが霊的なカウンセラーとして最高の状態のときには、熟練した錬金術師のような働きをし、ごく普通の人間の欠点が潜在的な強みとして組み立て直されたのです。ケイシーによれば、弱点とは単に誤用されたり、むだな使われ方をしている「強み」に過ぎないのです。

例えばデビッド・カーンという人は、自分の弱点を根本的に違った方法で見るという機会を与えられた四五歳のビジネスマンでした。リーディングは、彼の友人や仲間たちにはよく知られているある欠点を指摘しました。彼はしばしばしゃべり過ぎる傾向があったのです。しかしリーディングは、この弱点を悪いと思ったり、それで自分を責めるより、むしろこの特徴が価値ある財産に変容する特別な機会を探した方がよいと勇気づけました。その才能を、人々が人生をよりよく理解するように説得するとか、導いたりするために使えばよいということでした。

デビッドは結局、人をいらいらさせるおしゃべり屋でいるのではなく、ケイシーの仕事を広める説得力のあるスポークスマンになったのです。その後何年間にもわたって、ケイシーの助けを受けるよう、他の誰よりもたくさんの人々を個人的に説得していきました。個人的な弱点だったものが、錬金術的に何百人もの人に役立つ強みに変わったのです。

もう一つの例は、ケイシーがカレッジの女子学生に与えた忠告です。彼女は自分の職業的な決定をするための指導を求めました。リーディングは彼女が敏感過ぎるとし、そのためすぐに気分が変わる傾向があると述べたのです。大部分の人はこれを性格的な弱点と見るでしょうが、ケイシーはこれを人生に役立つ足がかりと見なしました。言い換えると、過敏さは邪魔者扱いされ続ける必要はなく、軽視や中傷にすぐに気づくという直観力の鋭さを、他のやり方に使うように促したのです。こうしてこの若い女性は、その敏感な性質を建設的でポジティブなやり方で生かして行くことができました。

弱点に新しい光を当てて組み立て直す

この二つの物語には共通のテーマが見受けられます。つまり弱点が純然たる意志の力以上の何かによって強みに変えられるということです。人生そのものが協力者となるのです。日常に生活している状況が、弱点を強みに組み立て直すために活用されるのです。意識の錬金術であるこの種の変容は、「病気から薬を作る」という概念と同類のものでしょう。私たちを妨害しているように思われる性格的な特徴や個人的な状況が、驚くべきやり方で、ときには最高の助けに変わることがあるのです。このような特別な瞬間に油断なく気を配っておく必要があります。

初期のアメリカ史に、そのような例を見ることができます。この実際にあった物語は、ミズーリ州インディペンデンスの住民、クラーク・デイビスの話で、彼はコロラドへの初めての最も馬鹿げた銀採掘のための遠征を行った二五人の男の一人でした。

途中から、男たちは自分たちの状況を考えるにつれ、一行の中で最も愛され尊敬されているクラークが、非常に惨めな立場になってきたことに気づき始めました。というのも、彼には並外れた弱点――つまり肥満体で、背が低いのに、一三六キロあまりの体重――があったのです。みなが、クラークは家に帰れそうにないと陰で密かに話し合っていました。最初は、みんなの足手まといにならないよう、大草原に置き去りにするべきだと考えました。しかし、彼らの愛情が強かったので、彼には重大な欠点があったにもかかわらず、一緒に連れて行くことに決めたのでした。

男たちは交代でクラークのライフルや弾丸を運んでやりました。毎日五人の男が、彼の歩く速度で一緒に歩き、四〇キロを歩くのにほかの人より三、四時間長くかかっていました。最初の一週間は、拷問のように苦しい行程でした。彼の足は恐ろしくむくみ、手足は皮膚がすりむけてひどく痛みました。

徒歩による旅の最初の三二〇キロは、バッファローがたくさんいる地域を通過するものだったので、食料は容易に入手できました。しかし、最後の三二〇キロが本当の試練でした。その区間の唯一の食料は、彼らが運ぶことのできたわずかなバッファローの肉だけだったからです。彼らの旅が絶望的な段階になるにつれ、驚くべき変化がクラークに起こったのです。彼の状況は改善し始め、一日の行進で、彼とその〝ボディーガード〟の一隊は、本隊との遅れが徐々に少なくなっていきました。さらに歩き進んで行くにつれ、驚いたことに、クラークが実際的にグループをリードし始めたのです。彼の弱点は、見事なまでに強みに変わっていったのでした。

一行が家までまだ一六〇キロ以上を残しているとき、クラークだけが十分な元気を保っていました。ある朝、全員が望みを捨て、もう歩き続けることができなくなっていたとき、クラークが一人でライフルを持って猟に出かけ、二頭の鹿を射止めて戻ってきました。これは家に帰り着くまでの行程で、全員を養うのに十分な食料でした。

この素晴らしい遠征の終わりに一行は、自分たちの冒険について、ある一点で意見が一致したのです。それはグループで最高の弱点だと思われたクラークの肥満という条件が、最後には最高の利点となり、ロッキー山脈の金や銀などよりもずっと価値のあるものであることがわかったということです。しかし、愛や深い仲間意識がなければ、その弱点の「錬金術的な変容」は起こり得なかったことでしょう。

気質における強みと弱点――個性の四つの働き

ユング派の心理学では理論的に、弱さをどのようにしたら強さに変えることができるかについて別の説明をしています。ケイシーとユングの二人はともに自己認識の最も良い方法の一つは、気質を研究することであるとしました。誰でもあらかじめ、人生をその人特有の方法で経験する傾向をもっていると彼らは言います。情報の処理の仕方や、人生に対する見方や反応の仕方は各人で全く異なっており、そこには「気質」という人間のパターンが存在するということなのです。

ユングは、四つの普遍的な個性の働きを含むシステムを使って、度々患者の強さや弱さを研究しました。気質を形作っているのは、ユングに従えば、他人と比べてこれらの因子の相対的強さの違いによるのです。

一、最初の働きは思考である。これは客観的・非個人的な方法を使って、人生の状態を見極める能力である。

二、次は感情である。これは思考とは対照的に、より主観的・情緒的・個人的な方法で状況を評価する。

あなたは、人生を判断したり評価したりする際、以上の二つの方法のどちらかを好む傾向があるでしょう。

三、第三の働きである感覚は、現状を具体的に捕えることで、物事の真実を知覚する。つまり何が真実であるかを知るために、肉体的な感覚に頼る。

四、それに比べ、次の直感の働きは、想像的であり、未来に起こり得る可能性を知覚する。ユングにとって直感という言葉は単なるＥＳＰ（超感覚的知覚）よりも広い意味をもつ。

あなたの個人的な気質のスタイルは、これらの働きのうちでどれか一つの働きが強調されて、あなたを導いていることでしょう。その一つの働きが強くなっている間は、他の働きが弱くなります。

この点が二人の人物の例で、どのように働いているかを考えてみましょう。グレッグの気質は感情――直感型――であるとしましょう。言い換えると、「敏感な」、「思いやりのある」、「想像力に富んだ」、「未来志向の」ということでしょう。彼はある部屋に入ると、直ちに部屋をもっと魅力的にするには何ができるだろうかとか、この空間をもっと効果的に使うには何ができるだろうかと考えるような人物です。もしその部屋に誰かがいれば、すぐにその人たちと打ち解けた感じを抱きます。

グレッグが自分の弱点をリストにしたなら、「分析に弱い」、「機械的な仕事が下手な」、「実際的でない」、「度々時間の経つのを忘れる」などになるでしょう。これらの弱点を強みに変えることができるのは、どのような錬金術的な巧妙な早業でしょうか。使われていない思考や感覚の働きをどのようにしたら、彼の財産にすることができるのでしょう。ユングは、人のもつ創造性が成長にとって、とりわけ大きな価値をもつということを基礎に置いていました。

習慣が人間の内的発展を阻害することは、一般的によく知られています。強みのために型にはまってしまうことがあるのです。言い換えると、私たちの得意な分野があまりにも頼りになるため、馴染みのある領域の境界を越えて冒険しようとしなくなるのです。グレッグは、人生に関する感情――直感型の生き方――があまりにうまく行っており、また快適であるために、彼の成長は止まっていました。この状態を打開できる要素は、まさにグレッグが度々無視してきた思考と感覚の働きなのです。彼の論理的、客観的な思考機能を使って人生の状態を評価しようとしても、最初は間違いが多いかもしれません。もっと具体的で実際的な言葉を使って世の中を論じようとしても、最初は不器用かもしれません。しかし、危険を冒す価値はあるのです。日常的な雑事や習慣によって妨げられていた新鮮で自発的な経験をすることになり、その経験は彼の内的な成長を促すでしょう。

一方のジェーンは、グレッグとは反対の思考――感覚型――です。彼女の弱点表を見ると、いかにまれにしか感情――直感機能――を使っていないかが明らかになります。ジェーンは感情をどう表せばよいかと悩み、時間の奴隷となっており、冗談を言ったり、いろいろと想像することが苦手でした。しかし、ジェーンはその強みのおかげで、たくさんのプラスのフィードバックや報酬を手にしていました。その実践的で素早い行動のおかげで高給を得ています。しかし、自己の成長という点では困った状態にありました。生活が快適になり過ぎ、新鮮さがなく、能率的であり過ぎるために成長する機会がなくなっていたのです。つまり彼女の強みが、自分を束縛するような習慣的方法に使われていたのです。

皮肉にもその弱点が、現在の彼女を全く違ったものにすることができるのです。グレッグと同じく、これまで十分使われず、発達することのなかった側面が、今度は、人生や彼女自身を新しい手段として助けるのです。その側面は、彼女にとって新しい活力と創造力の水路となるでしょう。最初のうちは、これまで慣れ親しんできたことや、他の人の期待と違うことをしなければならないこともあり、勇気が必要ですが、彼女がもっと自分の感情に耳を傾け、たとえ少しずつでも一日の流れと調和して過ごし、自分自身の想像力を信用するならば、何か不思議なことが起こるはずです。

ジェーンもグレッグも、この過程によって彼らのこれまでの強みが無効にはならないことに気づくでしょう。それどころか、彼らの弱点だったものが思いがけない財産になるにつれ、これまでの強みも、習慣的でない新しいやり方で自由に働くようになるでしょう。

まとめ

正直に自己分析を行った後、二つのリストを作ってみます。一つのリストにはあなたの強みを、もう一つには弱点を書き出します。弱点を箇条書きにする際には、特に客観的になり、素直に弱点を受け入れ、批判しないように努めます。それぞれのリストには六つぐらいの項目があるでしょう。この弱点を変容させるレッスンは、後の善悪の章と似ています。しかしここでは、明らかになっている人生の出来事の観察が含まれています。言い方を変えれば、生活状態はときとして、いわゆる弱点を全く異なった視点で見るという特別な機会を与えてくれるものだということです。

次に、人生はあなたの協力者であるということを信じてみましょう。自分の弱点だとレッテルを貼っていた特性を、全く違った方法で経験する機会を期待して待つのです。このような特別な瞬間に油断なく気を配ることです。例えば思い切って危険を冒すことで、欠点を価値ある才能に変えられるかもしれないのです。

ステップ2　新しい生き方のための作戦を立てる

法則6　率先して行動を起こすことこそ最善の方法

イニシアティブとは何か

恋愛のトラブルに見舞われていたある若い女性が、「何をすべきか決めるのに時間がかかり過ぎちゃって、何もしないで終わってしまいそうだわ」と友人に打ち明けました。誰もがこういった状況に時折陥ってしまうものです。自信をなくしたり、落胆したりすると、私たちは天に向かって応援や後押しを頼みたくなり、活を入れてほしくなるものです。「もし正しい方向へ向けてもらえるなら、そこから先はうまくやります」などと考えたりもします。

私は近所の人との関係を修復したい。その人は私に数ヶ月間も腹を立てている。しかし、最初に何て言えばいいのか、きっかけがわからない。私は退職後のためにお金を貯めたいと思っている。しかし、どの投資法が本当に最善なのかわからない――。このような場合は、最大の挑戦が最初の第一歩ということがあります。ときには、その課題があまりにも大変そうに見えるため、実際にはまだ済んでいないのに、自分自身をだまして、もうやり終わったと信じ込ませようとしたりもします。

「イニシアティブ」という言葉がありますが、これは「イニシエート」という言葉と同じラテン語の語源から来ています。ギリシアやエジプトの秘儀的な宗教では、秘密の教えを受けた人はイニシエート（秘伝を授けられた人）と呼ばれ、スピリチュアル（霊的）な悟りへの第一歩を踏み出した人とされます。そのような宗教では、彼らに秘儀的な経験を与えることによって、彼らを精神的、霊的に変容させるのです。断食、礼拝、集中、瞑想などの規律を通して、このイニシエートたちは心の内面的な意識の最も奥深いところを正視することになり、結局、スピリチュアルな王国の究極の神秘と向かい合うのです。そして、霊的なイニシエーション（伝授）から生まれた知識や知恵を伴って、通常の世界に戻ってきます。これが秘儀的な宗教の実際の目的です。これは、イニシエートたちに対して、直接的な経験のみがもたらすことの出来る霊的な洞察を与えることになるのです。

今日では、私たちも霊的な成長を達成するように呼びかけられています。私たちは現代のイニシエートに成り得るのです。この過程には、瞑想のような古くからの手法がとり入れられる場合もあるし、全く異なる現代的な意味――私たちの周りの世界で「イニシアティブをとる」（率先して始める）という意味――をもってもいるのです。それは、勇気をもって第一歩を踏み出し、「何かを行う」という意味です。

ときにはこの第一歩が、恐怖心を引き起こすかもしれません。霊的なイニシエーションは、数え切れないほどの神話や民話において、ヒーローやヒロインが成し遂げなければならない一見不可能な課題という形で大げさに表現されています。その報酬は、主人公が何かを最初に「行う」ときにのみ得られるのです。この霊的なイニシエーションという見方の最も有名な例の一つが、ヘラクレスに課せられた一二の難業を取り上げたギリシア神話です。

ヘラクレスは激情に駆られて罪を犯し、深い悲しみに打ちのめされていました。彼はデルフォイの神託を受けに行き、犯した過ちをどのように償ったらよいかを尋ねました。神託は、彼が求めている解決や精神的な解放を得るには、まず世界で行動する必要があると告げました。そして、従兄《いとこ》でミケーネの王エウリュステウスに仕えるよう命じたのでした。王はヘラクレスに一二の難業を与えました。もちろんそのどれも常人には達成不可能な課題でした。そのうちで最も有名なものは、第五番目の課題でしょう。アウゲイアス王の牛小屋の掃除です。数千頭もの牛を飼っているのに何年間も掃除していなかった牛小屋を、たった一日で掃除したという話です。ヘラクレスは全ての課題に成功し、長い冒険生活の最後には神の仲間に入ることを許され、神の給仕係へべと結婚したのでした。

私たちの内面的な霊的成長は、外界の肉体的な努力に依存しています。彼は悪行を許してもらうことを期待して、ただ単にぶらぶら待っているわけにはいかなかったのです。何かをするために活動を始めなければならなかったのです。私たちが何かをし始めたとき、すなわち、挑戦する気持ちでイニシアティブを取るやいなや、人生は変化するのです。

私たちは行動することによって学ぶ

たくさんの人が、エドガー・ケイシーに助言を求めてやってきました。その問題はときにはありふれたものだったり、些細なことだったり、あるいは生死に関わる問題だったこともありました。そんなとき度々、ただ「忙しくしなさい」とか、「何かをしなさい」とか、「今すぐ始めなさい」とだけケイシーが助言したことは注目に値することです。この助言に加えて、関心のある何かを実際にし始めたら、さらなる導きが自然にはっきりしてくるだろうとケイシーが約束することもありました。

ケイシー・リーディングでは、繰り返し何かをすることの重要さに焦点が当てられています。たとえとして、イエスが行ったとされる最初の奇跡——水をワインに変えたという奇跡——についてのケイシーの新しい見方をとり上げてみましょう。

ヨハネによる福音書に書かれているこの奇跡によると、イエスはその家の召使たちに、六つの石の水がめに十分な水を注ぐように指示しました。次にその液体が取り出されたとき、それはワインになっていました。この奇跡の普通の見方では、驚いたことに容器に入っている間に水がワインになっていたというものです。しかし、ケイシーはこの奇跡を論評して、行動を起こすという重要な要素を強調しました。水をワインに変えたのは、水を「注ぐ」という行為それ自体だったというのです。たとえ奇跡的な行為であっても、まず行動を起こすことが必要なのです。

しかし、もし悪いことをしたらどうなるのだろうか

このような話の全てにおいて、まじめな努力には大いなる力が応えてくれているように思えます。

どの方向がベストであるか確信がないときでさえ、選択し、一歩踏み出すように勧めているのです。でもそれが、どうも適切に思えない場合には、必要なフィードバックが与えられるのです。どちらにしても、もし私たちが神に答えてほしいと思うならば、まず何らかの行動を起こさなければなりません。もしそれが間違った動きであれば、適切な指示が与えられるはずです。かつてカール・ユングが書いたように、「誤りは、真実と全く同じように、人生の発展にとって重要な条件である」ということです。

一九四三年、三四歳のニューヨークの女性がエドガー・ケイシーに手紙を出し、自分の過去世についてのリーディングを依頼しました。その依頼の他にも、現在の人生の状況を理解することと、自分の魂の目的を見つけることに関連し、たくさんの質問の一覧表を同封してきました。彼女は、リーディングが真実の愛を与えてくれ、大きな事故を防いでくれ、意味のある仕事を始めさせてくれると思っていたのです。しかし、質問の多くは、一つの関心事に集中していました。それは、最近数回の転生の間に、彼女の魂が成長したか後退したかということでした。この質問に対してリーディングで与えられた答えは、たとえ前進しようが後退しようが、そこは常に進歩があるというものでした。鍵は何らかの行動をすることにあったのです。

明らかにこの女性は、行動の重要性について聞く必要がありました。確かに彼女は、最近私たちの多くを襲っている病――分析による無気力状態――に悩んでいました。状況の分析にあまりに多くの時間やエネルギーを使ってしまうため、実際に何かをする余裕など全くなくなってしまうという症状です。私たちは問題のあらゆる側面を考えることに熟練し過ぎてしまったために、占星術師たちが天秤座生まれの人の祈りと呼んでいる「主よ、私がもっと決断力のある人間であるようお助けください。ところで、あなたならどうお考えですか」という言葉を地で行くようなことになっているのです。もちろん劇的な誤りは、考察や評価の技術を常々磨くことが出来れば、避けられるかもしれません。しかし、要はまず第一歩を踏み出すことであり、次いで行動し続ける前に、慎重に結果を評価することでしょう。

次に行動し続ける前に、慎重に結果を検討しないと、状況はどのように悪くなり得るかを説明しましょう。フィリピンの平和部隊の活動期間から帰ったばかりの志願兵が、「天井ヤモリ」の話をしてくれました。数人の善意の志願兵が、ゴキブリのうじゃうじゃいる一群の住居のある村落で働いていました。この状態は、アメリカ人にとっては嘆かわしく思えました。彼らは即座に殺虫剤を使って、あらゆる近隣の村の、全ての住み家から不快な虫を根絶しようと取り掛かったのです。ついに成功し、彼らは自分たちのしたことに満足を感じていました。

ところが不幸なことに、まもなく彼らは新たな、そしてもっと悪い侵入者であるネズミに気づきました。この迷惑な情勢の変化を克服するために奮闘しながら、彼らは、その土地の生態学なるものを身にしみて理解し始めたのです。ゴキブリは、その土地の住み家の天井や壁に住んでいる天井ヤモリやトカゲの主食でした。ヤモリは地域住民から幸運の印だと考えられていたのですが結局、志願兵たちは、その理由を知ることになりました。天井ヤモリが、ネズミを遠ざけていたのです。

ゴキブリなしにヤモリは生きられず、ヤモリがいなければ大量のネズミがやってくるのです。

平和部隊の志願兵は、イニシアティブをとったという点では申し分ないのですが、その結果として、事態をさらに悪くしてしまいました。何が悪かったのでしょう。全く何もしないよりは、「何か」をした方が事態は良くなるのではなかったのでしょうか。必ずしもそうではないわけで、あらゆるイニシアティブには反省の期間が続かなくてはならないのです。志願兵たちは、自分たちの行動を小規模な範囲でテストすることなしに、その地域全体に殺虫剤を散布してしまったのです。彼らの意図は正しかったのですが、その前に比較検討することが望ましかったのです。この「正しい行動」という概念の核心は、簡単な三段階の公式で表すことができます。

一、何かが起こるのを待ちながら、いつまでも怠惰であってはいけない。始めるための行動の小さな一歩を踏み出しなさい。

二、結果を観察しなさい。あなたのイニシアティブが、自分の期待通りに働いているだろうか。それによって、あなたは続ける勇気が起きたか。または、違った方向の行動をとる必要があるというサインがあっただろうか。

三、あなたの受けたフィードバックを、調整しながら適応し続けなさい。あなたの自由になる最善の情報とともに行動し続けなさい。

まとめ

あなたの人生で、あなたが執着を感じ、成長がないと感じている分野を取り上げてみましょう。その惰性をあなたはどのように経験しているでしょうか、そこにどのような感情が結び付いているでしょう。恐れ、混乱、それとも欲求不満でしょうか。

どのように小さなことでも、何らかのイニシアティブをもって率先して始めましょう。ほんの小さなステップを踏み出すために断固とした決意をし、そして始めます。あなたが結果を評価する機会をもつまでは、その最初の一歩以上に関わりを大きくしないと決心し、安心しているようにします。

法則7　与えたものだけが、あなたのものとなる

財産は作り出さなくてはならないのと同じように、あなたの未来は、あなたが作り出す現実なのです。どのように偉大な計画も、それを現実にする時間とエネルギーとお金がなければ大して価値はないでしょう。ですから夢見る理想主義者と、成功する人物との違いは、単に物質的な財産を手にしているかどうかの違いだけという場合があります。

そういう意味では、エドガー・ケイシーが金銭や物質的な財産についての質問を度々尋ねられたのも当然なわけです。人々は通常、より良い未来を築きたいという願望をもって彼のもとにやってきました。しかし彼らは、お金のような実際的なものは邪魔ものであることを知らされることがしばしばありました。リーディングの多くは世界大恐慌の期間中に与えられたために、そのような関心が、より高かったのです。

一九三〇年代、人々は自分たちの財産が消えてなくなるのを見、あげくのはては一晩にしてなくなってしまったことも多くありました。このような状況でしたから、ケイシーからの助言が繁栄の時代を再び作り出すための最後の望みだったという人もいたわけです。一九三七年、経済的に苦労していた五五歳の女性が、相談にやって来ました。たぶん彼女は、投資戦略や儲かる職種を勧めてくれるものと期待していたようです。しかしケイシーは、豊かな財産についてのスピリチュアル(霊

的）な観点、すなわち聖書の中に書かれていた法則を彼女に提示しました。
「森の生き物は、全てわたしのもの　山々に群がる獣も、わたしのもの」（詩篇五〇）

別の言い方をすれば、あらゆる物質資源は最終的には神のものだということです。終わりにケイシーはその女性に、「あなたが与えたものが、あなたの物になる」という普遍的な法則に従うように勧めました。「あなたが多くを与えれば、その果実はあなたのもとにやってくる」というわけです。

現代の一般的なビジネス傾向においては、このような考えは世間知らずだと思われるかもしれません。実際的な商業知識をもつ人なら、何かを与えることによって金持ちになれるなどとは思っていないでしょう。与える好意で物質的な保証が達成されるという主張には、誰も耳を貸さないでしょう。この文明社会の考え方の主流は、みんなに行き渡るだけ十分に物はないのだから「可能なうちに、あなたの分をとっておいた方が良い」ということです。

論理的な観点からすれば、そうかもしれません。しかし、このような考え方が実行された結果はどうなるでしょう。その証拠に、長い目で見れば買いだめは物不足を招き、貪欲さで人を幸せにすることは出来ません。たとえ急進的で非論理的に聞こえたとしても、豊かさの秘密は、現実に分かち合う態度や行為にあるようです。

与えることはワンネス（宇宙のあらゆるものは結局は一つであるという考え方。「法則16」も参照）

の観点からも意味があります。なぜなら私たちは深いところで一つになり、他の誰ともつながっているいるのですから、分かち合うことは、本質的には自身に与えていることになるからです。神と一体でであるならば、命の霊的な次元を通して物質的な財産の究極の源を知ることが出来るでしょう。

物質的な供給の法則

一組の確実な法則が、金銭・食物・エネルギーのような物質的資源の流れをコントロールしています。政府の法律が金融の為替制度をコントロールするのと全く同じように、霊的な法則は、あらゆる形の物質的な供給を規制しています。この法則は単純ですが、適用するのは容易ではありません。その構成要素のいくつかについては他の章でも述べていますが、最初の法則は「スピリット(霊)は命であり、マインド(心)は作り手であり、肉体はその結果である」というものです。このように、スピリットは金銭や物質的な所要物を含むあらゆる物の源であり、それを明らかにする霊的なプロセスは、マインドに始まります。

しかし、ここで注意しなければならないのは、物質的な供給に関連した霊的な法則は、成功への近道を求めたり、彼らの貪欲さに対する言い訳を求める人たちによって、度々歪められてきたということです。つまり、「一〇〇万ドルを得るためにはメンタル・イメージとして『マインドは作り手』という言葉に長時間必死に集中するべきだ」などと考えてはいけないということです。「成功意識」を扱うニューエイジ支持者の多くは、まさにこういうことを実践するように勧めています。

しかし、マインドは、実際には物質的な財産を違った方法で作り出す手助けをするのです。あなたの注意や集中を必要とするのは、その財産を使おうとする目的の方であり、目的は利己的なものを超える必要があります。もし、あなたのマインドが、あなたが行っていることや、その理由に集中されれば、あなたの必要なものは満たされるでしょう。

与えることは扉を開く

単にその法則を知ったり理解しただけでは、役にも立たないわけで、まずは物質的な流れを作り出すために何かを作り出す必要があります。例えば、あなたのもっているものを与えるということは、自分に新しい恩恵が流れ込む余地を作り出すことになります。物理的にもそういえるわけで、例えば電気の利用でも、スタンドに明かりをつけたり、洗濯機を回すためには、まず完全な回路が必要です。もしどこかで電流が流れなくなれば、電気は通じなくなります。物質の流れも事情は同じです。手にした賜物の一部を与えることが、その循環を作ることになるのです。与えることは、受け取るための道を準備していることなのです。

しかし、この霊的な法則を、ずるい利己的なやり方で操作するのは誤りです。

ロバートという人の場合を考えてみましょう。彼は駐車スペースを見つけたいと思っても、いつも見つけることができませんでした。このことは何よりも彼をいらいらさせました。あるディスカッション・グループで、与えることが受け取ることの鍵だという話を聞いたロバートは、翌日この理論を実践しようとして、他人の駐車時間切れになっているメーターに二五セントのコインを補充し、「呼び水」に使うことにしました。それによって、名前も知らない車の所有者たちにお金を与えたわけです。その後しばらく、なぜかいつでも駐車スペースが見つけられるのです。それで彼は喜んで、自分は今や完全に供給の法則を理解したとグループに報告しました。しかし、彼は本当に理解したのでしょうか。

彼は、生活の法則の一部を理解したわけですが、非常に狭い操作的な方法にのみ応用しただけでした。まず問題は、彼がより高い霊的な源と、自分勝手に、一方的に契約しようとしていたことです。メーターに二五セントコインを入れますから、あなたは私に都合の良い駐車スペースを与えてくださいと要求しているわけです。

ロバートの二番目の誤りは、この法則を利己的に操作しようとしたことです。もし彼が、自分が受け取りたいために与えたのであれば、彼はこの法則の本質を見逃しています。本物の与えるという行為には、他人と分かち合いたいという心からの願望が必要です。大切なのは、寛大さや助けになろうとすること、思いやりの態度です。もしこれらの性質が欠けていれば、どんなにたくみな操作をしても、それがあなたの人生に物質的なものを流れ込ませることはないでしょう。ロバートの場合のように一時的にはうまくいく場合もあるかもしれませんが、その効果は長続きしません。

必要なものと欲しいもの

中世の宗教では、あの世における至福と充足を約束していました。地上での生活は貧しく過酷でしたから、肉の罠から魂を解放する助けをしたという意味で、中世の宗教は都合の良いものでした。当時、貧困は純潔、従順と同じように美徳とされました。しかし、宗教改革によってこれらの内容は変わっていきました。その結果発達したのは、プロテスタントの労働至上主義でした。この考えは、神はこの地上の人生においても、忠実な信者には報酬を与えるというものでした。

今日、人々の中には、願い方さえ知っていれば、神は欲しいものを何でも与えてくれると信じている人がいます。ある種の宗教本は、金持ちになるための祈り方までも教えています。ニューエイジの教えは、富を引き寄せるために、水晶やサブリミナル・テープを使用する話に満ちています。要約すると、貧困はかつては美徳と見なされていましたが、現代社会では、徳の高い生き方の結果として豊かさと富を得られると信じられるようになったということです。しかし、ある点で、こうした見方は過去の貪欲さが単に新しい仮面をつけたものだと言えるのではないでしょうか。

ケイシー・リーディングでは、この極端な二つの考え方のバランス点、折衷案を推奨しています。そこには欲しいものから必要なものを選別することが必要になります。なぜならば私たちは、たいてい必要とする以上にたくさんのものを欲しがっていますから、実際には自分の専念する仕事や目的を決めることによって、初めて本当に必要なものが何かがわかってくるからです。

一九三六年、中年の女性がエドガー・ケイシーに助けを求めてきました。彼女は、財政状態の不安に悩み続け、それが彼女の肉体的な健康を蝕《むしば》んでいました。リーディングは医学的な忠告に加えて、神が彼女に行うように与えた仕事にもっと注意を集中するようにと彼女を勇気づけました。ただ恐れているより、彼女が仕事に夢中になれれば財政状態は改善されるというのです。ケイシーの助言には、もし彼女が真に「神の愛の水路でありたい」と願うならば、彼女も子供たちも「パンを求める」必要はないという約束が含まれていたのです。

財政的な困難を立て直すためのケイシーの作戦は、莫大な富を約束するよくある決まり文句とは全く異なっています。豊かさに対する彼の哲学は、純粋に他人の幸福を気にかけている限り、自分にとって必要なものは満たされるというものです。そこで、この処世哲学を実践し、建設的で創造的に応用するための六つの提案を示したいと思います。

供給の法則はどのように働くか

一、あなたの目的をはっきりさせましょう

特定の物資を欲しいと思うなら、その目的を明確にすることです。家や車や、もっと多い給料を望むのは、間違ったことではありませんが、この願望の中に、あなた自身の喜び以上の広がりをもつ目的や理由を見つけることが重要です。さらに多くの物やお金が入ったら、今度はもっと効果的に他の人を助けることができるかどうかが大事です。あなたの財政計画に対して、次のアプローチを試してみてください。

まず、この人生におけるあなたの魂の目的だとあなたが信じているものは何ですか。また世界に

対するあなたの使命、あるいは創造的な貢献とは何でしょう。二番目に、あなたがその仕事で成功するために必要と思われる物質資源は何なのかを決めましょう。次に、あなたが未来に必要になると思われる物質的な財産を神とともに創造するための、目標と作戦を設定しましょう。次の五つの段階では、それをどのようにして行うかが示されています。

二、不足している自分に課題を探しましょう

創造主は、あなた自身が知っている以上にあなたが必要なものを知っています。あなたは確かに、ある量の物質的な財産が必要なのでしょう。しかしまた、あなた自身や他人をより深く理解するための経験も必要です。ときにはこれらの経験の中に、物質的に欠乏する期間が含まれる場合もあるのです。それは、あなたが不屈の精神や信念、正しい理解などをもっているかどうかを試すための期間です。または、霊的な成長のためには、他の人が欠乏しているものにもっと敏感になる必要があるのかもしれません。このような点は突然全てを失ってしまった中年の婦人の例に、はっきりと示されています。

彼女の夫は工場での仕事を一時解雇され、一ヶ月もしないうちに彼女も同じように仕事を失いました。二人は、しばらくは失業給付金で何とか収支を合わせていました。しかし、それがなくなると、今度はわずかな貯金を使いましたが、しまいにはそれも底をつき、無一文になってしまったのです。とうとう家まで取り上げられ、ホームレスという想像もつかないような生活に追い込まれた

彼らは、収容施設に入り、食事は地域の慈善団体に頼ることになりました。

彼らは、前には考えたこともなかった社会的な状況に陥ってしまいました。それは屈辱的なことでしたが、同時に教えられることも多かったのです。彼らは、困難な状況を分かち合ったたくさんの見ず知らずの人と知り合いになり、もし自分たちがその悪夢から逃げ出せたなら、ホームレスの運命に苦しんでいる人を忘れないようにしようと誓いました。

最終的にこの二人にとって物事は好転しました。夫は新しい街で仕事を見つけ、彼女も仕事が見つかりました。彼らの経済状態は徐々に改善され、二年もしないうちに、家を分割払いで買うための頭金を作り、再び中部アメリカでの普通の生活に戻ることができました。その女性は知り合いを通して、市民によって主宰されている慈善団体の話を聞くと、すぐに電話をし、「必要とされているところに、トラック一台分の食物を届けたいのです」と伝えました。彼女は、家がなく空腹を抱えている人々の福祉活動のために時間とお金を寄付し、それを続けることを実行しました。彼女自身の告白によれば、一時的な欠乏期間は彼女の中の貧困に苦しんでいる人々に対する感受性を目覚めさせたと言います。彼女は困難な時期をうまく利用したわけです。

物が不足したことにより、思いやりについて重要な学びをし、その結果、彼女は供給の法則との調和の取れた関係を再び確立することができたのです。

三、すでにもっているものに感謝しましょう

私たちは「もっと多く」「もっと良く」と追求しているため、すでに所有している豊かさを見過ごしがちです。「もっと得たい」という衝動は、認識力を歪めてしまいます。というのは手もとにある恩恵を無視すると、すでにもっている豊かさを失う危険があるからです。私たちの中に、祝福されていない人などいません。たとえ長い間貧乏であっても、友情、愛、健康といった財産をすぐ思い出せる人もたくさんいます。手もとにある財産に感謝することは、供給の法則に同調するために極めて重要な一歩となるのです。

四、与えられるものから与えましょう

気前よく与えることは、必ずしも多額の金銭を使うことではありません。あなたがそのことで不自由になったり制限されない範囲で与えればよいのです。ただ「十分に手に入ったら、差し上げます」と約束するだけでは説得力のない言い訳でしょう。ケイシーは何人かの人に、たとえお金に困っているときでも喜んで「何か」を与えようとしないならば、たとえ百万ドルを手にしても与えないだろうと警告しています。要は、分かち合いを始めることが大切なのです。今一〇パーセントを与えることができないなら、一パーセント、いや一パーセントの一〇分の一でもいいのではないでしょうか。

思い出してほしいのは、「お金や財産だけが与えられるものではない」ということです。時間、才能、エネルギーも同じように与えることができます。「お金は幾らかかるの」と尋ねる前に、「時間

はどのくらいかかるの」と尋ねようではありませんか。時間や才能も同じように価値があるのです。そのために、あなたの技能を再検討してみましょう。技能のどれかが、ときには誰かの役に立つことができます。

さらに、所有物を与えることは、所有権の文字通りの損失を示すものではないということです。つまりそれは、誰かを助けるために単に使用権を提供したに過ぎないのです。例えば寝たきりの人に食事を運ぶため、あなたの自転車を提供してもいいでしょうし、有意義なグループの集会場所として自宅を提供してもいいわけです。ただし、やむを得ず嫌々というのではなくです。あなたの所有物の使用権を与えることで、実際には重要な何かが起こるのです。愛着を解放すること、すなわち、対象物の占有度を減らすことは、追加の資源が人生に流れ込んでくるための余地を作ることになるのです。

五、やってくる良いことを期待し、受け入れましょう

「もし恵みを与えるならば、恵みを受け取るだろう」。それが霊的な法則なのです。しかしこの法則では、あなたが恵みを受け取る時期や、やってくる際にどのような形をとるかがはっきりしません。油断なく気を配り、期待していなければなりませんし、報酬はいつもお金や財産であるとは限りません。あなたの魂が、悟りに向かう次の段階に最も必要としているものなら、どんな形でもあり得るのです。

アメリカの短編作家であるオー・ヘンリーは、この法則を理解していました。彼は、どんなにたくさんの品物を得るよりも、与えることがいかに価値あるものかについて、見事な例を残してくれました。彼の物語『賢者の贈り物』は、絶望的な貧しさにもかかわらず、深く愛し合っている新婚のカップルに焦点を合わせています。

彼らは、自分たちのわずかな財産の中で、特別に価値のあるものは二つだけだと考えていました。一つは夫の先祖伝来の時計であり、もう一つは妻の流れるように美しい髪の毛でした。クリスマスが近づいてきて、二人は心の中で、相手への完全な贈り物を思い描いていました。妻は、最愛の人が大事にしている懐中時計につける鎖を見つけましたし、夫は、彼女の豪華な髪を見事に飾ると思われる髪飾りのセットを見つけていました。しかし、情けないことに、これらの贈り物を買うお金がなかったのです。差し迫ってくる休日に、彼らは絶望感を募らせていました。

彼らはそれぞれ手の届きそうにない贈り物を手にするために、密かにある考えを思いつきました。しかし、両方の計画ともつらい犠牲を伴うものだったのです……。夫は、髪飾りを買うために大切な時計を質に入れました。妻は、その時計用の鎖を買うために、彼女の髪を切って売ったのです。せっかくの二人の犠牲にもかかわらず、二つの贈り物は役に立たなかったのは事実です。しかし、二人がクリスマスプレゼントを求めて相手に示した愛と献身は、溢れんばかりに二人の心を満たし、彼らのクリスマスを計り知れないほど祝福しました。

私たちが与えることを通して戻ってくる恩恵は、前にも書いたように、常に物質であるとは限らないのです。ときには物質よりもっとずっと価値のあるものなのです。

六、与えたり受け取ったりすることで、共同体ができていきます

共同社会は、与えたり受け取ったりすることによって自然に発達していきます。このやりとりを通して関係が生まれ、育っていくのです。ある意味で文明そのものが、この相互的な交流に基づいているともいえるかもしれません。ギブ・アンド・テイクの問題にどのように取り組む決意をするかが、私たちの世界における生活の質を形作ります。この法則の最もわかりやすい例の一つに、天使によって天国と地獄を訪れる機会を与えられた男のたとえ話があります。

彼はまず地獄を訪れ、気の滅入る情景を見ます。大きな宴会用のテーブルは、あらゆる種類のおいしそうな食べ物でいっぱいでした。テーブルの周りに座っているのは、地獄の住民です。ところがテーブルはあまりにも大きく、非常に長い箸でしか食べ物に届きません。その箸は、つかんだ食べ物を自分の口にもっていくには長過ぎるのです。だから他の人に食べさせてもらうしかないのです。そのため、地獄の住民は空腹のままであり、欲求不満のために苦しんでいました。

この状況から離れたいと思い、男は天国へ連れて行ってくれるように頼みました。天国へ行ってみると、驚いたことに、一つだけ著しい違いはあるものの、テーブルは地獄と同じセッティングでした。天国の住民は全員幸せで、満足に食物を与えられ、なごやかだったのです。当惑して男は、天使はいったいどこが地獄とは違うのかと尋ねました。すると、もっとよく観察するように言われ

ました。そこで彼は、地獄と天国の根本的な違いを発見します。自分が食べようと虚しくあがく代わりに、天国の魂たちは努力もせず楽々と、お互いに食事を与え合っていたのです。

私たちは、他人に愛を与え、戻ってきた恵みを感謝しながら受けることによって、今いる場所を天国の一部にすることが出来るのです。

まとめ

乏しいのは、次の第六段階のうちのどこか一ヶ所が妨害されているからです。

一、目的をはっきりさせる

人生が今どういう状況であるか、何に最も価値を置いているかについて、はっきりした認識をもちましょう。

二、不足している領域で、課題を探しなさい

人生における欠けている側面は、何かを教えるために存在しているのです。

三、すでにもっているものに感謝することを学ぶ

歪んだ見方を乗り越え、すでに大きな恩恵を受けている人生の分野をはっきりと見つめましょう。

四、あなたが与えられるものを与えなさい
喜んで、気前よく与えることにより、自分自身を豊かな人生を送る人物として再評価しましょう。

五、やってくることで良いことを期待し、受け入れなさい
期待通りだったり、予想外だったり、その形がどんなものであろうとも、必要なものに敏感でありなさい。

六、与えたり、受け取ったりすることが共同体を作る
お互いの気配りに基づいて、個人的な関係を築いたり、強化したりすることにオープンになりましょう。

六つの注目点のリストにざっと目を通してみてください。あなたの人生において、そのうちどの点が最も弱いと思いますか。どれが、将来あなたが最も活用する必要のあるものでしょうか。それについて何かをするために個人的な関わりをもち、決意をもって努力してみましょう。

法則8　祈ることができるというのになぜ心配するのか

私たちには心配事がたくさんあり過ぎるので、それをなくすのは難しいでしょう。ですから逆に、心配する感情を引き出して、どの問題が一番大切か、直面しているあらゆる問題を吟味する必要があるかもしれません。「請求書の支払いは大丈夫だろうか。企画は予定通りに行くだろうか。私の健康は大丈夫だろうか。核戦争は？　オゾン層は？……」

あなたがその渦中にいて、差し迫った危険のある問題があるなら、心配するのは当然ですが、よく考えてみると、心配することによってわずかでも状況が改善するのでしょうか。心配することで、請求書を支払えたり、企画を完成させたりしたでしょうか。あるいはまた心配することで、あなたの健康が改善されたことがあったでしょうか。もちろんないでしょう。それどころかそれは単にあなたを、気が気ではない気持ちにさせただけのはずです。

一九三四年、一二歳の少女が治療の進展を調べるために、ケイシーのリーディングをとりました。両親は、彼女のガンを治療するために、かなり長い期間にわたりケイシーの助言を受けていました。両親が「現在彼女の体から、毒素が消えつつありますか」と尋ねると「彼女が心配ばかりしていることを除いては順調に快復している」とケイシーは答えました。心配することは、毒素を即座に「蓄積」させてしまうため、心配することで、その治療効果は弱められるというのです。

心配することは、多くの肉体的な病気の主な要因となります。ケイシーは五五歳の婦人に、心配することは彼女の体にとって、休息が足りないことよりも問題であると警告しています。別の女性が、彼女の体重が急に減った理由を尋ねると、ケイシーは、その大部分は心配することが原因だと答えました。

一般的に心配することは、肉体と精神の両方を不適切な状態にしてしまいます。皮肉なことに、心配することは、その心配事を効果的に処理する際の妨げにさえなるのです。ではなぜ心配するのでしょうか。心配性はなぜ私たちに容易にとり付くのでしょうか。

心配をどのように乗り越えるか

前にも述べましたが、心配は恐れから生まれ、恐れは疑いから生み出されます。好奇心をそそる公式ですが、実際に、それがどのように心配に打ち勝つ助けになるのでしょうか。外見上、恐れは心配と同じくコントロールすることが不可能に見えます。しかし注意深く観察すると、この二つの関心事は実際には反対方向を指し示していることがわかります。

「私はいったい何を心配しているのだろうか……」と自問自答することによって、あなたの本心に焦点を合わせることができます。つまり「私は、仕事について、健康について、結婚について……心配している」とあなたは言うでしょうが、「私は何を疑っているのだろうか」と自問したとき、起こることに注目してみてください。「私は、自分の才能を疑っている」とあなたは心の中で答えるかもしれませんが、考えてみれば、その言葉には、もともとは才能があるという認識が暗に含まれているではありませんか。あるいは「私は神の愛や関心を疑っている」と言うかもしれませんが、こういった疑いでさえ、愛に満ちた創造主の可能性を認めているわけです。

信頼（Faith）は信仰（Belief）とは違います。信仰は、理由があって何かを受け入れることですが、信頼とは、自分の経験によって条件なしに何かを信じることができます。例えば丈夫な杖ならば、常識的に、杖があなたを支えてくれるだろうと信じることです。しかし、まず自分から杖に頼りたいと思って初めて、杖に対して信頼をもてるわけです。信頼は経験から発展しますから、最初は、杖にほんのわずかしか信頼を寄せていないので、体重のごく一部だけで杖に頼ることになります。しかし、杖が十分にあなたを支えてくれることがわかってくると、杖に対する信頼は増していきます。

これと同じようにすれば、あなたの人生において、疑いや恐れ、心配で苦しめられているあらゆる分野に対しても、神の助けや支援への信頼を築くことができるのです。

心配性の習慣を変えるには

ある女性がケイシーに、自分には直すべき悪い習慣があるかどうかを尋ねました。リーディングの答えは「ありませんよ」でしたが、最後に「心配すること以外には」と付け加えました。私たちの大部分は、心配することを悪い習慣だとは考えていないでしょうが、そう考え始める可能性は誰にでもあります。心的な態度も、髪をとかしたり、歯を磨いたりするやり方と同じように習慣に支配されています。しかし習慣は変えることができるように、心配性の習慣も変えることができます。

ここで、心配性の習慣を変えるための六つの方法を挙げておきましょう。

一、心配しているあなた自身を観察する

心配する習慣が自分の思考に指図《さしず》していることに気づくまでは、何もすることは出来ないでしょう。心配性が現れたら、それに気づく必要があります。心の中で、この感情には覚えがあると気づけるはずです。これは心配性だ、私には必要ない感情だと知ることによって、それを扱う処置を講ずることができるのです。

二、あなたの心に新しい考え方を与える

ケイシー自身が有名な心配性でした。一九二五年九月、家族全員を引き連れて、バージニア・ビーチの荒廃し風に吹きさらされた村に引っ越して来たときのことです。この新しい地域社会では孤立した新参者であり、その暮らしは、引越しの資金を払ってくれたニューヨークの株式仲介人の援助にのみ依存していました。ケイシーはあまりに心配ばかりしていたため、体調を壊してしまいました。彼は助言を求めるために自分のリーディングをとりました。答えは短く要を得たもので、「心配することをやめなさい」でした。リーディングを導いている妻のガートルードが、どうしたら心配

することをやめられるのですかと尋ねると、「心を何かで満たすことだ」という答えが返ってきました。

心配のために苦しんでいた人たちが、ケイシーからさまざまな助言を受けています。彼は一人の婦人に対して、神の保護に疑いを感じ始めたときには、自信を回復させる聖書の一節を読むことを提案しました。特に彼は、次のイエスの言葉を読み、記憶するように彼女に勧めたのです。

「あなたがたのうち、誰が思い煩ったからといって、寿命を一刻でも延ばすことができるだろうか。野のゆりがどのように育つかをよく見なさい。骨折ることも、紡ぐこともしない。あなたがたに言っておく。栄華をきわめたソロモン王でさえ、この花の一つほどにも着飾ってはいなかった」(マタイ六・二七—二九)

またケイシーは、新しい方向で考えるように心を訓練するため、ヨハネの福音書の一四章から一七章を読むように人々に助言しています。読み物であろうと、口頭によるものであろうと、疑いを信頼や希望に置き換えるのに役立つ助言は有益です。ちょうどあなたが自分の体に健康な食物を与えるように気を配るのと同じように、心にも健全な考えを与えなくてはなりません。

三、他人を思いやれば自分の心配事は去っていく

心配は、恐れや疑いから大きくなっていきます。この二つとも自分本位の考えから成長するのです。そして個人的な事柄に関心が向けば向くほど、ますます孤立化し、無力感を感じるようになり

ます。疑いを信頼に置き換えるために、まず自分の関心を他の人に向けてみましょう。しかし、それでも心配し続ける場合もあるでしょう。よい人助けをやっているだろうか、よい結果を得るのになぜこんなに長くかかるのだろうか……などという具合に。

これらの心配事を取り除くためには、神が全てをとり計らってくださることを覚えておくとよいのです。あなたは自分ができることを行い、結果は創造主に任せるのです。他人を手助けした影響は、すぐにははっきりした形では現れないかもしれません。しかし、ここで再びあなたは、たとえ表面的にはそう見えなくても、努力が重要だということを信用しなければなりませんし、神と共同で創造しているのだということを覚えておかなければなりません。

四、今現実に生きること

一番多い心配事は、未来、それも「起こるかもしれない」という想像で作り上げた未来です。こういった憶測をなくすのに効果的なのは、今現在を生きることに集中することです。あらゆる瞬間をとらえて、この時点でできることに最善を尽くしましょう。

ケイシーは、働いている仕事、息子の学校教育、娘の学校生活などに悩んでいたある女性に、同じような助言を与えています。ケイシーのリーディングは即座に、彼女のすぐに心配をする不健康な傾向を認め、「心配とは単に明日への恐れである」と助言しました。そして、私たちは未来を生きているのではなく、瞬間瞬間のいまを生きているのであり、一時間先でも、一分先でもないのだということを彼女に納得させました。

五、祈ることができるときに、心配してはいけない

これが、心配事に対するリーディングで、最もたびたび与えられた助言です。心配事に対する最も強力な解決方法は祈りなのです。疑いの隙間を埋めてくれるのは、結局のところ祈りの力でしょう。多くの人は祈りをとり違えています。祈りとは、欲しいものや助けを与えてくれるようにお願いすることだと考えられているようですが、本当の祈りは嘆願以上のものです。それは、「神との意味のある関係の確立」を意味します。ちょうど私たちが、友人や仲間たちとたくさんの交流をもつように、たくさんの次元の神との交流をもつことなのです。一つ一つの交流が一種の祈りだということになります。

別の種類の祈りに「感謝の祈り」があります。危機的状況にあるときは、すぐに祈りに向かうかもしれませんが、人生が順調にいっている場合には自分が受けている恩恵に感謝するのを忘れがちなので、感謝の祈りは感謝の態度を育む一つの方法になるでしょう。あなたの人生でやってきた良きことに感謝することによって、神への信頼を築けばよいのです。たぶんあなたは、感謝する以上のたくさんのものを得ており、心配事の代わりに、感謝に意識を集中するのは容易なことでしょう。もちろん本当に何か困っているときには、あなたの受けている恩恵を思い出したり、感謝したりするのは難しいでしょう。そこで、日頃から感謝の習慣を育てることが重要だと言っているのです。

例えば、毎日、食事の前や寝るときなどに、感謝の祈りをすることを忘れないことです。祈りをする時間は問題ではありません。いつでも良いですから、毎日必ず感謝の祈りを習慣的に行うことが重要です。これは神への信頼を築き上げることになるのです。

「嘆願」は、たぶん祈りの中で最もなじみのある形ですが、反面、このような祈りでは、私たちがイエスをアラジンのランプの魔神に変えてしまうことになります。そうなると、私たちは、ただランプをこすって御名《みな》を呼ぶだけで、心からの願いを手にすることができることになってしまいます。そんな風にはうまく行かないのは明らかです。「主の御名によって願う」とは、たぶんイエスが教え示した理想や目的と一致した願望をもつことを意味しているのではないでしょうか。「主の御名によって」とは、愛と思いやりのこもった強い願望によって動機づけられることなのです。心配事は、この種の嘆願の祈りによって一掃されるでしょう。なぜなら私たちは、あらゆる状況で、神は何が最善かを知っていると信じ、またそれを求めているからです。

祈りの最後の形は、驚きの感情という不思議な感じに根ざしています。この感情は、子供時代を過ぎるとほとんどの人が容易に失ってしまいますが、本来、畏敬《いけい》の念や謙虚さが呼び起こされるべきものなのです。その祈りは「賛美の祈り」とも呼ばれます。大多数の人は、祈りに賛美の言葉を入れたりはしません。それはわざとらしく聞こえたくないからです。その言葉の裏にある「私はあなたを賛美します、だから私に何かをしてください」という無意識の動機が表面化するのではないかということが心配だからでしょう。ですから賛美が他人に向けられていようが、創造主に向けられていようが、見せかけの賛美では効果はありません。真実の賛美とは、畏敬の念や驚きの経験に対して無意識的に起こる反応なのです。

アインシュタインは、驚きの経験こそが、あらゆる芸術、科学、宗教の基礎であることを認めています。真実の賛美は、変性意識状態の一表現です。実際私たちは、高められた気づきの状態として、あらゆる形の祈り（告白、感謝、嘆願、賛美など）を与えることができます。祈りを通して、私たちは人生や神の深い神秘性に気づくのです。そして疑いは取り除かれ、心配は小さくなるでしょう。

六、何かを行いなさい

心配することに伴う最悪の問題点は、それが私たちの思考を麻痺させることです。未来について心配しているとき、あなたはたぶん未来のために実際には何も行動していないでしょう。祈りは、いつでも心配に置き換わりやすいのです。あなたは「行動する」こともできるのです。どんな肉体的な活動でも、あなたの心配を断ち切る助けをしてくれることがあるものです。

ある女性は、心配事に悩まされたときにはいつでも、家の掃除や家具の入れ替えをしたくなる自分に気づいていました。何が彼女を悩ませていたとしても、そうすることで新しい環境になり、新しい観点を見出すことができたのです。

ある営業部長がケイシーに助言を求めたとき、ちょっとしたユーモアを交えて、「今のまま忙しい状態を続け、あまり心配しないように」とケイシーは言いました。つまり、忙し過ぎて心配などしていられない状態になるように助言したわけです。

私たちには誰でも関心をもてる物事があるものです。また、人生の出来事についていろいろと気づかいます。気づかうことは重要ですし、気づかいや関心は心配とは違います。問題は心配です。心配は恐れの一つの型であり、恐れは疑いに基づいています。

マタイ一四・二二でイエスは、水の上を歩きながら、彼と一緒に歩いてくるように弟子たちを招きました。するとペテロただ一人が招きに応じ、実際に数歩、水の上を奇跡的に歩きました。しかし、風が吹いてきたのを見て怖くなったとたん、沈み始めたので「主よ、助けてください」と叫びました。即座にイエスは手を伸ばして、ペテロの手を捕まえ、「信仰薄きものよ、汝はなぜ疑ったのか」と仰せになりました。

私たちは皆、時々まるで波間に沈んでいくように感じることがあります。しかし、もし助けてくれる手を信ずることを学んだならば、私たちはもはや心配する必要はないのです。

まとめ

少なくとも一週間、毎日の日課として祈る時間をとりましょう。たった一、二分しか時間がとれないこともあるかもしれませんが、長い時間をとれることもあるでしょう。そこで四つのタイプの祈りを経験してみましょう。

○告白……自責の念をもつことなしに、人生の現状を確認し、認めてみます。
○感謝……自分の人生に与えられた恩恵に、感謝の気持ちを表してみましょう。
○嘆願……あなたが最高の理想とする精神が、あなたのために必要と感じているものをお願いしてみます。
○賛美……あなたが創造主のことを考えた際に感じる驚きや畏敬の念を伝えます。

祈りをしたら、その週の終わりまでに、あなたの心配事に費やしていた時間やエネルギーの量に、変化があるかどうかを見てみましょう。

法則9　健康は正反対の状態とのバランスをとることで得られる

私たちの周りには、対称やバランスが保たれることによって機能しているものがたくさんあります。弦楽器は、それぞれの弦の張力が、フレームの抵抗力によってバランスされることにより音楽を演奏できますし、回っているコマは、調和の取れた動きによって作り出された完全なバランス状態を表す好例でしょう。矢やロケット、飛行機などは、空気中を飛ぶために空気力学的なバランスがとれていることが求められます。またラジオは、電波と機械のパーツをバランスさせることによって、放送局に同調させる必要があります。このように私たちは、ほとんど至る所で「バランス」という言葉を耳にします。これは人生の全般において、バランスがいかに重要であるかを論証していると言えるかもしれません。

身体中の酸とアルカリのバランスも、同じように身体を組織的に調和させるための重要な要因となります。ケイシーの食事療法の多くも、バランスをとり、その状態を保つことを勧めています。食物が消化器系によって新陳代謝されるときはいつでも、わずかに酸性もしくはアルカリ性のかすが残るので、ケイシーは、八〇％のアルカリ食物と、二〇％の酸性食物からなる食事をとることを勧めています。

お気づきのように、この場合のバランスは半々ではありません。大部分の果実や野菜は、身体の中でアルカリ反応を起こし、肉、でんぷん、砂糖は身体を酸性にします。あなたが推測するように、私たちの身体はたいていの場合、過剰に酸性化されている傾向があるので、こうしてバランスされると、健康や活力をさらに十分に楽しむことができるというわけです。

普通の風邪は、多くの人にとって非常にいらだたしいものです。かつてケイシーは、この風邪についてはっきりした特別なリーディングを与えました。リーディングによると、肉体が過剰な酸性状態でも、過剰なアルカリ状態でも、同じように風邪を引きますが、過剰な酸性状態の方がより大きな原因となると述べています。

夜、身体が冷えたり、急激な温度変化によって風邪を引くという一般論は本当なのでしょうか。ケイシーは、こういった温度の影響は「身体のバランスを崩す」ように作用し、その結果として、風邪のウィルスが増殖するような不均衡状態を作り出すと話しています。身体がもつ風邪を治す自然なプロセスを促進するために、リーディングでは、バランスを再生するためのわかりやすい方法を示しています。

受容と解放のバランス

同化作用と排泄作用の釣り合いもまた、健康な身体にとって必須なものです。実際この側面は、あらゆる意味でケイシー哲学の中心になっています。これに関連して、ケイシーの資料には一人の真面目な学生のユーモラスな逸話が載っています。それによれば、その青年は、ケイシー・リーディングで見出される中心的な考えをある人に説明しようとして、リーディングからたくさんの概念を要約しようと奮闘した末にあきらめて、次のように言ったのだそうです。「つまりは二つのことに要約されるかな。それは過去世と排泄ですよ」と。

実際リーディングでは、肉体的な健康を考える際、排泄に大きな重要性を置いています。あらゆる食物は消化された後、ある量のかすを生み、これらの残渣《ざんさ》が肉体にとっての有害物質として作用するのです。さらに、食物の栄養分を燃焼させてエネルギーに変わるときに、追加のかすが生成されます。肉体はこれらの毒素を排泄するために、皮膚、肝臓、肺、腸管を使います。もし健康でありたいなら、この四つが全てうまく機能する必要があります。一つの肉体が正常に働いている場合には、食物の同化作用も、不要物の排泄も、バランスのとれたシステムで協力し合って行われているはずです。

しかし、同化作用と排泄作用は、同じように心理的・精神的な原則でもあるのです。ドイツ生まれのチベット僧（ラマ教）ラーマ・マナガリカ・ゴービンダは、彼の本『創造的な瞑想と多次元経験』の中で、人間が通常生きていく際に健全であるためのたとえとして、身体の排泄システムを挙げています。彼は手放すことを学ぶ重要さを強調し、人生を偉大なものにするには、人生のどのような束の間の要素にも、しがみついてはならないと言っています。

人間の身体の機能自体が、命の法則を示すとともに、それを証明しています。というのも、もし私たちが、何かにしがみついて離さなければ、それが空気であろうと食物であろうと、それらは毒に変わってしまいます。ゴービンダは次のように結論づけています。「呼気と排泄は、吸気と食物の摂取と同じように重要である。同じように人生にとって死ぬ過程は、生まれる過程と同じように重要である」と。

ラーマ・ゴービンダはまた、肉体的な身体と、その他の精神的な面との類似点を引き出していま す。私たちの肉体が、毒素や不要な残り物を排泄する必要があるのと全く同じように、特定の知的・感情的な関心事を解き放すことを学ぶ必要があるというのです。所有物への過度の愛着は、それがたとえ考えであっても、不十分な排泄が身体を毒するのと全く同じように、私たちの精神的な健康をかき乱すとゴービンダは述べています。

ケイシーは、瞑想を通してやってくる霊的なエネルギーの場合も同じであると断言しています。そして、瞑想を終了する前には、他人を癒す祈りによって得た霊的エネルギーでさえも、解放するようにと促しているのです。もしこれをしなければ、私たちが受け取った強さそのものが破壊的になることがある、とケイシーは警告しています。

創造における三つの力の法則

事実上、あらゆる創造物は、三つの因子のダイナミックな相互作用の結果と見なすことができます。その三つとは、「何かを始める力」、「対抗する力」、そして「その二つを結びつけ、仲介する力」です。グルジェフは、内的な発達の過程を記述するときに、このモデルを採用しました。彼の説明によると、何か新しい活動を始めるために建設的な第一歩を踏み出す際にはいつでも、すぐにそれに抵抗したり反発したりする力と対決するということです。これは、私たちの置かれた環境という形で現れることもあるし、思考や感情の内的な衝動として現れることもあります。この過程が最も顕著に現れるのは、新しい規律を取り入れたり、新しい考え方を採用しようとするときです。

しかし、「始める」「抵抗する」という二つの緊張状態から、新しい何か、真の成長の機会がやってきます。例えば、あなたがコーヒーを飲むのをやめようと決心したとします。この決意をしたすぐ後に、たぶんあなたが、最後までやり抜くのを邪魔する何らかの障害物に出会うはずです。例えばあなたの配偶者が、あなたへの特別な贈り物として、新しい高級なコーヒーを自宅へ持ち帰ってくるかもしれません。または不眠症が続いて、緊張して仕事を続けるにはコーヒーがどうしても必要になるかもしれません。大量のコーヒーを飲む夢を見るかもしれません。このような「対抗する力」に、あなたはどのように反応するでしょう。

グルジェフのモデルに従えば、答えは、この二つの力をつなぐ第三の力にあります。その第三の力が、個性そのものや、物質的な生活からのものだとすると、その解決法はあまり健全ではないと思われます。それは一つの力が、他の力のもつ意図やエネルギーを抑圧し、敗北させてしまうような形になるからです。例えばコーヒーに対して規律を設けようとした場合、周りがあまり協力的ではないので、単にカフェインを減らすことで妥協したとか、コーヒーを飲みたいという強い気持ちを無理に押さえつけて、その欲求を、どこかほかで晴らすとか、うわべだけになってしまうということです。

グルジェフによれば、もっと良い解決策は、その第三の力が、ケイシーが個体性と呼んでいる、もっと高くて、もっと本質的な自己からやってきたときにこそ可能となるのです。この場合にのみ第三の力は、その二つの間に、調和とバランスを築くことができ、第一・第二の力とも、その意図とエネルギーという意味で共存できる場所が与えられるのです。先のコーヒーを飲むという話の場合でも、必要性を抑圧しないで、カフェインの存在を徐々に減らす方法が見つかるのです。

このプロセスはちょうど、始めたばかりの急激なダイエットに失敗しそうだと考えて、ケイシーのもとを訪れたある女性の場合に当てはまります。ダイエット中に見た夢が彼女の自信を失わせ、食べ物への渇望を消せないのではないか、と思わせていたのです。彼女はダイエット中に、ある夢を見ました。その夢の中で、彼女はケーキや甘い菓子類がいっぱい並んでいるテーブルに座っていました。そこへ座ったとたん、「ただそれを詰め込み」、全てのデザートをお腹いっぱいガツガツ食べたのです。その夢は、ここ数日間の食事パターンと全く逆のものでした。

その夢を解釈したケイシーは、まず夢の補償的な性質を指摘しました。彼女が目覚めているときの最近の生活は、極端に走り過ぎていました。身体は、いつもの砂糖の摂取量に慣れていたのです。ケイシーが指摘したのは、二つの力がお互いに戦い合うのではなく、お互いの居場所を認める第三の力を使うべきだということでした。食事を急激に変化させるのではなく、バランスをとりながら、甘いものを徐々に減らしていくように勧めたのです。それはこの女性にとっては期待していたこととは違っていたかもしれませんが、ケイシーは、甘いものを再び食べ始めるように、しかし今度は控えめにするようにと助言しました。

宇宙のバランス

数千年前、ブッダは、悟りへの道は「中道」にあると宣言しました。中道とは、肉体的・物質的な満足にふける生活と、極端な禁欲生活との中間点です。彼が主張するには、中道は、思いやりのある心によってのみ見出せるということです。数世紀後、キリスト教徒はイエスを、神から人間が引き離されている大きな隔たりの仲裁役として認めました。

キリスト教徒の透視者ルドルフ・シュタイナーは、キリストを両極のバランス点と位置づけることで、同じような内容を述べています。さらに彼は、悪を作り出す二つの極端なケースがあり、それは必然性から私たちをそらす二つの回り道だと言っています。

一つ目の極端な状態は、人を「錯覚」へと導く霊的な回り道であり、シュタイナーはそれを「ルシファーの影響」と呼んでいます。これは、自分自身のために多くを要求し過ぎる一種の自己中心性への誘惑です。ルシファーは、私たちに自己満足を与え、実際の自分より賢明で悟っていると信じるようにけしかけます。もし私たちが中道から外れ、ルシファーに従う場合、私たちはこの世的な責任を放棄し、霊的な理想の地に引きこもってしまうことになります。正反対の極端な状態とは、シュタイナーが、古代ペルシアの悪神の名前からとった「アーリマンの影響」と呼んでいるものです。これは「不信」の声を引き起こす純粋に物質的な意識です。アーリマンは、私たちが見たり触ったりできるもののみを信じるように私たちに強く迫り、どのような霊的な現実を認めることをも否定しようとします。

シュタイナーはこれら二つの極端なケースの中間に、キリストを置いています。極端な場合を寄せつけないキリストは、それらを変容させ、そのエネルギーを創造的なバランス状態へと調和させることができたのです。ケイシーは、これと驚くほどよく似た考えを述べています。彼は唯一の罪を利己主義であると認め、二つの全く異なった方向を明らかにしました。一つ目は、自分自身のことを考え過ぎた状態を自己成長と錯覚することです。二つ目は、自分自身のことをほとんど考えない状態です。つまり、自分に本来備わっている、より高貴な性質を否定することです。さらにケイシーは、キリストにおいてのみ、この極端な二つの場合の合流点が存在し得るのだということを示唆しました。

バランスを見つける

ケイシーはその他にも、いろいろな形のバランスについて述べています。例えば、仕事と遊び、肉体的な活動と知的な活動、不眠と睡眠などです。そういうと、当然次のような質問が起こってくるでしょう。では人生のさまざまな分野において、どのように平衡を保てばよいのか、と。

そのための第一歩は、バランスが肉体と精神の両方の健康にとって重要であると素直に認め、そして正しく評価することでしょう。次に、自分について「アンバランス」であると感じられる分野に注意し、それに対して正直であることです。こういった意識をもつことによって、バランスを正すことができるでしょう。

通常この努力をする場合には、前述の両極端を正しく理解することに加え、辛抱強い粘り強さが必要になります。例えば、シュタイナーの悪のモデルにおいて、ルシファー的で極端な場合、それをキリスト的に扱えば、素晴らしい贈り物、美や芸術の贈り物を与えてくれるでしょう。一方、アーリマン的な衝動は、キリストによって冷たい不信を科学的な贈り物へと変化させることができるのです。

最終的に、人生におけるバランスを達成するには、実践すること、すなわち、より敏感な感受性を生み出すための粘り強さが必要です。そうしているうちも、あなたは、バランスが「外れた」ように感じることにさらに敏感になってきます。例えばサーカスで綱渡りを演じる者は、一般の人よりも敏感に気づくことによってその平衡を保ちます。彼らはすぐにアンバランスを感じ、それを時間内に補修できるため、大部分の人にはできないことをすることができるのです。一方、他の人たちは、気づくのが遅過ぎるために落下してしまうわけです。

私たちの肉体のバランスがとれているときには、バイタリティを感じますし、私たちの精神のバランスがとれているときは、明快に考えることができるのです。肉体と精神がお互いにバランスされているときに、私たちは、魂の目的を達成する準備ができているといえるでしょう。

まとめ

人生を観察するために、一日を費やしましょう。自分のどこに正反対の緊張がありますか。人生において家庭生活を維持することと、外で仕事をもつことの葛藤に出会っていませんか。自分の行動と、任務を遂行したいのに、時間的には無理だという内的・外的な抵抗に気づいていませんか。

観察した両極端の中から、特別に注意するために一つを選びます。次いで、その不一致点に、より大きなバランスと調和をもたらすための方法を探すために、数日を費やします。平衡とは、何も常に半々、すなわち五〇％対五〇％の状態を意味するわけではありません。あなたにとって、最善のバランスの形であると思われる状態を目指して励んでみましょう。

ステップ3　運命と自由意志

法則10　私たちは決定の仕方を学ぶよう求められている

決定や決意など、私たちが直面している選択の数は、いつでも困ってしまうほどにたくさんあります。例えば消費者として、何十種類もの食品、自動車モデル、洋服のスタイルから選択しなければいけませんし、あるいはまた娯楽では、さまざまなテレビ局、レンタル・ショップのビデオ、さらに、休暇のための候補地など、選ぶべきものは無数にあります。

そして、必要な決定は、何も外界のものだけではありません。内面生活においても、毎日選択しなければならない機会があります。生活の状態に重きをおくとか、感情や動機を入念に選ぶとかです。中には波風のない人生を送りたいと切望する人たちもいるでしょう。彼らは、自由を保ちながらも、選択しないで済む世界を求めています。つまり彼らには、もし日常的な決定事項にこれほど多くの時間や注意が無駄使いされなければ、霊性はもっと容易に手に入るように思えるのです。

自分が正しい決定をしていないかもしれないという不安を抱いている人たちもいます。そういう人たちは、何が正しいかを確信させてくれるものとして、神からのサインを求めているのかもしれません。一人一人は、霊的に調和した人生の軌道を進みたいと願っていても、いったい何がその方向へと導いてくれるかはわかりにくいものです。

意志とは何か

決定を下すという問題の鍵は、人間の意志にあります。意志という、私たちに独自の選択をさせるこの不思議な力とは、いったい何なのでしょうか。「人生は、本質的には前もって準備されている」と信じている人たちは、学んだことや習慣的なパターンが、私たちに起こることを前もって決定するのだと主張します。他の人たちは、自由意志の存在は認めても、意志というものを、根性を出して働いたり、欲望を抑えるときに使われる意志のようなものだと考えているでしょう。

しかし、ケイシー・リーディングによる哲学では、人間の意志力をもっと高く評価した見方をしています。意志は、心（マインド）やスピリチュアル（霊的）なエネルギーとともに、魂の三つの属性の一つだというのです。言葉を変えれば、私たちは、この三本柱の枠組みの中で機能しているのです。

○霊的な命のエネルギー……永遠で無限である
○心……創造的な論理、直感、想像力を生み出す
○意志……独立した固有性、選択の自由を与える

ケイシーは意志を、これら三つの属性の一つと位置づけることによって、数世紀間続いている哲

学的・理論的な趨勢《すうせい》に挑戦しました。意志の重要性を認めてきた偉大な思想家でさえ、意志を、エネルギーの特別なタイプとか、心の特別な性質とのみ説明しているに過ぎません。それに対しケイシーは意志に、心やエネルギーと等しい資格を与え、意志が実際にどんなに重要なものであるかを、正しく理解するように求めているのです。

そのような分析が、少しばかり抽象的・理論的に過ぎると思われたら、その代わりに次のように類推してみてください。色には赤、青、黄色の三原色がありますが、この基本的な色を二つから三つ適当に混ぜることによって、さまざまな色を作り出すことができます。しかし、青は、他のどの色と組み合わせても作ることはできません。赤も、黄色も同じです。このように、これらの三つは基本的な要素であり、基礎となる成分なのです。

ケイシーに従えば、「霊的なエネルギー」、「心」、「意志」の三つは、三原色と同じようにそれぞれが魂を作っている基本要素なのです。意志は心の状態でも、エネルギーの一つのタイプでもありません。意志が人間の経験にもたらす特性は基本的なものなのです。しかし、ではその特性とは、正確には何なのでしょう。

イタリアの精神科医ロベルト・アサジオリは、意志の価値を認めた数少ない現代の精神療法家の一人でした。アサジオリは、精神統合と呼ばれる霊性心理学（スピリチュアル・サイコロジー）の独自の体系を作り上げました。それは意志を人間の個体性の中心に置いています。彼の本『意志のはたらき』（誠信書房）でアサジオリは、意志が私たちの生活にどのように影響を与えるかについて、七つの特徴を挙げています。それぞれの特徴は、自分自身を知り、周りの世界に順応する方法や、意志が不健康だったり不活発だったりする際に失っている経験を説明しています。その特徴は次の七つです。

○生命力、そして活動的なエネルギーへのアクセス
○規律と制御
○勇気ある主導権
○忍耐強い持続性
○焦点と集中
○統合と調和
○意思決定と自由選択

このリストの最後の項目は、最も馴染みのあるものでしょう。しかし残念なことに、意志に関する多くの理論は、この一つの観点にのみ主な焦点を合わせています。しかし、ケイシーと同じくアサジオリも、意志のもつ機能に対する私たちの理解を広げる試みをしているのです。

意志の側面

意志が私たちの生活にもたらすものは、選択の自由だけでなく、たくさんの特性があります。ケイシー・リーディングでは次の五つが、意思決定を補うものとされています。それがなくても、選択の自由は維持されていますが、賢明な決定をするためには、それだけでは十分でないのです。

一、意志は私たちに個性を与える

意志のもつこの特徴は、私たちが自分から少し離れたところに立ったつもりで、自分を客観的・内省的に観察するに任せます。そのような自己認識は、霊的な成長にとって必要なものなのです。

二、意志は習慣の反対者である

私たちは誰でも、思考、感覚、行動については強い習慣的なパターンをもっています。深く身についたこれらの手順は、そのままにしておくと、私たちの生活を支配するようになります。しかし、意志の働きによって、私たちはその勢いに抵抗し、新しい方向へと導いていくことができるのです。

三、意志は魂の啓発者である

もし、霊的な進化が私たちの目標であるならば、意志を正しく使うことは絶対に必要です。ケイシー・リーディングでは、実際、魂の成長の「全側面」はつまるところ、私たちが意志をどのように使うかということになると示唆しています。

四、意志は心の案内役である

ケイシーが何度も言っているように、もし「心が創り手」であるならば、何がその創る過程を指示するのかという疑問が、まだ私たちの手元に残るでしょう。意志はこの意味で本質的な要素を与えるのです。意志は一つの方向づけを与えることによって、心を助け、私たちの創造性の結果をより有用なものにしてくれるのです。

五、意志は従うように指示する

「自分のことは自分でやりなさい」と教える年令では、まだ従順という考えには馴染めません。私たちは、自分の自由が脅かされるような影響に対しては、それがどのようなものであっても抵抗しようとします。しかし、神の意志に対して従順であることは、霊的な成長のための要素なのです。より高い目的に自分の力をゆだねて従うことは、より高い意志から生まれる行為なのです。

個人の意志と神の意志

神の意志という考え方をもち出すことは、「人間は独立した存在である」という大前提に矛盾するように見えるかもしれません。しかし最後には従わなければならない正しい道があるのなら、私たちは、自由や個人の責任を気にする必要があるでしょうか。その問いへのケイシーの答えは、「私たちはその矛盾とともに暮らすように努力しなければならない」というものでした。

意志には二つの側面があります。一つは個人に権限を与えるものであり、もう一つは私たちを超えた存在からやってくるものです。しかし、神の意志とは、あらかじめ決定された一つの選択であるとか、回り道も許さないような強制的な道路地図であるわけではありません。多くの真面目な探求者が、伝統的な宗教によって何世代にもわたって与えられた、あの神のイメージを受け入れられなかったのも当然です。それとは異なり、より高い次元の意志についての新しい見方は、私たちが自由意志を使い、自らの性質を自主的に発揮する方法を学びながら、自分だけでなく、他人にも利益を与えるやり方を学ぶことこそを、神が望んでいるというものです。

この点は、一人娘の扱い方で、苦しい選択を迫られた女性の例で示されます。その娘はたくさんの問題を抱えていました。しかし、改善の見込みがありそうなどのような方法も、その娘にとっては問題をさらに悪くする恐れがありました。何週間もの間、母親は何人かの友人に、その母親の混乱している気持ちを聞いてもらいました。母親は毎日、娘が進むべき道をはっきり指示してくれるようにと導きを求めて祈りました。しかし神はこの件に関しては沈黙を守っているように見えました。

ところがある日、この件を知っている友人たちと集まったときに、彼女は「今、神の意志がわかったわ」と言い出したのです。その宣言は全員の注目を引き、その神の啓示とやらを全員が聞きたがりました。その母親の次の言葉はみなを驚かせましたが、それは神が私たちの生活において、どのように深い英知を働かれるかということを示しています。「神の意志とは――」としばらく間をおいて、母親は言いました。「私が、決定することなのよ」。

「私が決定すること」。この簡単な言葉が、神の意志の鍵となることがよくあるのです。創造主は、私たちが、愛と英和に基づいた決定の仕方を学ぶように望んでいるのです。私たちが選択の自由を行使することを学ぶまでは、神の望むような「意識的にともに創造する仲間」に成長することは決してないでしょう。もちろん私たちは、途中で誤りを犯すこともあるでしょう。自分の下した決定が、愛と洞察によって導かれたものだと私たち自身は考えていたとしても、選択の結果から、捉えがたい無意識の力が私たちの洞察力を曇らせていたことに気づくこともあるでしょう。しかし、私たちはこのような誤りからも学ぶことができるのです。

実際、この他に、私たちが成長していける方法はあるのでしょうか。私たちが成長していくということは、まさに一人の子供が青年になり、自主性のある信頼できる大人になるのと同じようなことかもしれません。ときには間違いを犯しながら、物事を自分で決定していく自由がなければ、健全な発達などあり得ません。愛情のある親は、選択の自由を認めるだけでなく、そうするように励まし、ときには子供が自ら選択するよう要求するものです。

意志を目覚めさせる

神が、私たちに決定の仕方を学ぶように求める第二の理由は、人間の意志に見出される、よくある状態に関係しています。象徴的な言い方をするなら、私たちの意志はふだん「眠っている」のです。意志が眠っているときはほとんどの場合、私たちは習慣的なパターンや、外的な力に任せきりにしています。そこで、独力で決定することを学んでこそ、意志がその眠りから目覚めるのです。そのためケイシーは、困難な状況にある人に透視を通してアドバイスをする際、度々のように自主的な意思決定の重要さを強調したのです。

ある若い男性が、仕事で成功するにはどうしたらよいかと途方に暮れていたとき、一人の霊媒のもとを訪れて、次のような予言を受け取りました。それは「そのうち、彼の人生に偉大な後援者が現れ、彼の仕事が成功するよう経済的に助けてくれる」という予言でした。この話はあまりにも出来過ぎていて、本当とは思えなかったので、彼はケイシーのところを訪れ、この未来の出来事が本当かどうか、リーディングで確認してくれるようにと頼みました。

しかし、その答えはその男性を落胆させるものでした。「未来は前もって決定されていない」というのがケイシーの答えだったのです。「見込みや可能性としては言えるかもしれないが、全ては個人が自由意志をどのように使うかによる」とケイシーはアドバイスしました。もし、その若者が適切な決定をし続ければ、そのような後援者が彼の人生に現れるかもしれませんが、その保証はありません。つまり運命とは、手もとにある好機をどのように利用するかが問題だ、とケイシーは言ったのです。

この観点は、ルドルフ・シュタイナーが人間関係について述べたことに非常によく似ています。シュタイナーによると、私たちは人生のある特別な時点で、特定の重要人物に出会う運命をもっているということです。しかもその出会いは、肉体を得てこの世に生まれる前の魂があらかじめ決めていたこととの結果だというのです。しかし、そのような大事な出会いも、いったん起こってしまえばそこで終わり、あとは、私たちが自由意志でその機会をどう生かしていくか次第だということです。

この法則が、あなたの人生においてどのように応用できるかを考えてみましょう。たぶんあなたは、配偶者や上司、あるいはその他の重要な人物に出会う運命にあったのでしょう。しかし今現在は、その関係はどうなっているでしょうか。その状態になっていることは運命の問題ではなく、それらの人物に対して、あなたがどう考え、どう感じ、どう行動することを選んだかという問題なのです。「あなたの意志は通常眠っている」という考えを聞かされるのはあなたにとって面白いことではないかもしれません。自分が「ぼんやり」していて、人生で何が起こっているのかを自分では把握できていないとは、誰だって考えたくありません。

しかし、たとえこの考えがあなたに不快を感じさせたとしても、ほんの少しでも注意して自己観察を行ってみれば、たぶんここで述べていることがご理解いただけると思います。一日のうちで、あなたの意志を「休ませ」たり、意志を「使ったり」する時間もある。そんな風に自分で常に選択を行っているとあなたは思うかもしれません。しかし、これらの「意志の行使」は、古くからの習慣的なパターンに従った機械的な反応であったり、無意識的な衝動であることが多いのです。それこそ、あなたの典型的な一日の行動は、そのほとんどが環境によって指示されたものと言っても、過言ではないのではありませんか。

　では、このような毎日の生活で、神の意志は、どのように現れているのでしょう。神の意図は、私たちが「愛情に満ちた賢明な選択」をすることを学ぶことにあります。そうやっていくうちに、私たちは自分の個体性を開発し、象徴的な眠りから目覚めるのです。しかし、それには、私たちよりも大きな何かに身をゆだねることを学ぶことが不可欠です。これがスピリチュアルな力の逆説的なところでしょう。つまり、真の意味で「個性」を発揮したければ、「大いなるもの」に身をゆだねる必要があるのです。言い換えれば、私たちは選択の自由を行使する訓練をしながら個人的な強さを成長させていくわけですが、それと同時に、より霊的に高い力に全てを引き渡し、ゆだねることもできなければならないということです。

　ではどうすれば、私たちは、身をゆだねることを学ぶことができるのでしょうか。どのようにしたら、「降参する」とか「屈服する」という感覚をもたずに、神にわが身を託することができるのでしょうか。

　ケイシーは、私たちは「断食」を通して、ゆだねるという高度の形を学んでいるのだと示唆しています。しかし、断食と霊性に、どのような関係があるというのでしょう。ここでケイシーが言っている「断食」とは、食事制限以上のことをすることであり、何かについてのあなたの「わがままを手放すこと」さえも意味しているのです。断食とは、本来は食事の量を制限することかもしれませんが、もっと単純に、「何かの欲求パターン」を制限することと考えてもいいでしょう。例えば、見ているテレビの量とか、何かを批評する回数とか、他人を議論で打ち負かす回数などを制限することです。この種の断食を実践することによって、私たちはわがままを進んで抑えることを学べるのです。

それこそ神が、私たちが人生で創造的に働くために、私たちに求めている性質なのです。

あなたの意志とともに働く

ひとたび、霊的な成長に対する意志とその重要性という二つの性質を深く理解したならば、私たちは毎日の選択に気持ちを向けることができるでしょう。「意志」という言葉は、「意思決定」よりも広い意味をもちますが、私たちは意思決定をするたびに、意志という問題に直面します。一つの意思決定をするには、さまざまな進行段階で、私たちが感じるタイミングや熱心さに影響される次のような三つの過程があります。

一、混乱

私たちが最初にある選択に直面するときには、通常、混乱やあいまいな気持ちになります。さもなければ、もともと何かを決定する必要もないのでしょう。迷いの気持ちがないのであれば、単に起こることを待たされているだけです。本当の意味で決定をするときに出会うのは、どちらか一つを選ぶ際に、対立する意見によって引き起こされる「混乱」です。一つの意見は特定の結果を招くことを約束し、もう一つの意見は最初の意見に対して警告を与え、その結果、最善と思われる方の意見が採用されます。二つの意見だけで決定するならまだ容易ですが、ときにはもっとたくさんの意見が浮かんできたりもします。

しかし、混乱するのはよいことです。当惑した経験をもたない人は、おそらく成長することはないでしょう。混乱するのは、人生に対する以前の見方が、新しい見解にとって代わられつつあるためかもしれません。いずれにせよ、あなたは混乱の中で自分の決定をしていくことで、あらゆる可能性の中から、自分の未来を創造することができるのです。

二、選択肢の識別

最初の段階で出てくる全ての意見が、実際に実行可能なわけではありませんから、次の段階で、実行可能なものに絞り込みます。ときには「意志」をうまく使って、二つ、またはそれ以上の同じような代案を組み合わせて、新しい選択肢を作り出してもよいでしょう。

三、一つの選択肢を選んで決定する

ここでやっと、選択を行う段階となります。競合するいくつもの代案があるかもしれませんが、そこから、あなたの意志で一つに絞り、それにエネルギーを注ぎ込みます。この決定した選択肢を永久にもち続ける必要はありませんが、少なくとも当分の間は他の選択肢のことを考えないようにします。では、あなたの決定を、実際に行動に移してみましょう。

この単純に思える三つの段階についてだけでも、まだいくつかの落とし穴があります。一つ目は結果を急いでしまうことです。この点は、迷うことは悪いことで、迷うのはスピリチュアルでないとあなたが信じる場合には特に問題になります。あわてて決定すると、最高の案を見つける機会を失い、結局、過去からの課題やパターンを再現して終わりになってしまったりします。

もう一つの落とし穴は、上記の第一・第二段階に留まってしまうことです。混乱したり、まごついたりすることがつらくて、また不快であるために、現れた最初の選択肢を急いでつかんでしまったりします。そうせずに、その緊張と不確かさに耐え、いくつかの代案が現れるための十分な時間をとるには勇気が必要です。忍耐力をもち、注意深くまた意識的に、直面するどんな決定事項に対しても、上記の三つの過程に従って進めることが大切です。

選択までにどのぐらいの時間が必要かは、状況によって変わります。例えば医学的に緊急を要する場合には、たとえパニックや混乱を起こしたとしても、とにかくいくつかのとり得る行動を頭に描き、その一つを急いで選ばなければなりません。

それとは対照的に、離婚を話し合っている人は、数週間、数ヶ月、あるいはもっと長期間にわたって混乱が続くはずです。当惑するのは当然であり、当惑してこそ、健全だとさえ言えます。その間にたくさんの内的な変化が起こります。次いで、今までとは違うライフスタイルを確認する時期がやってきます。独身に戻るとか、あるいは、夫婦の間に新しい愛情関係を築くための機会を模索するといったことです。やってきた最初の選択をつかみたくなるかもしれませんが、いくつかの選択肢がはっきりと姿を現すまで、勇気をもって待つことです。最終地点にたどり着くのに数ヶ月、場合によっては数年もかかってしまうことがあるかもしれません。

要した時間の長さに関係なく、決定することは確かに胸をわくわくさせる経験となることでしょう。選択する自由は、私たちにとって生きていることを実感させてくれる、素晴らしい特権ではないでしょうか。実際ケイシーも、私たちが物質世界で経験する「意識の特性」のうち、選択の自由ほど私たちに自由を感じさせてくれるものはないことを指摘しています。私たちは死後に通過する多くの領域で、自由意志をあまり使うことなく過ごした後、魂が再び自分の意志につながり、必要な変化をするために、物質世界に再び生まれ変わるのです。

この素晴らしい霊的な贈り物を理解するために、時間をとりましょう。あなたの意志は、あなたの未来の鍵となるのです。

まとめ

誰もが毎日、大小はあったとしても、さまざまな決定をしていますが、一つの問題について意思決定するにあたっては、次の三つの段階を意識的に通過してみましょう。急いだり、三つの段階のどれかを飛ばしたりすることなしに、その結果が一日で達成されるような状況を入念に選んでみてください。三つの段階とは、次に示されたものです。

一、**混乱**　その中から解決策を決める必要性がある混沌または無秩序状態。

二、**可能な選択肢**　見出した可能性や、代案となる解決法。

三、**選択**　可能な選択肢の一つを選び、行動を始めるという意志の行為。

過去からの習慣や、誰かの意志によって決定される事態を避けるために、この過程の途中で意志が〝眠りに落ちそうになる〟傾向があるので、そうならないよう注意しましょう。次いであなたの選択を行い、その実行に関わり、決定をしたときと同様に、その結果を見守りましょう。

法則11　あらゆる瞬間に他人を助けているか傷つけている

ある日、金持ちの英国貴族とその娘が、カルカッタの汚い道路を歩いていました。周りの至るところに、汚物とひどい貧しさがあふれていました。少女は、苦しんでいる人たちが次々と現れる光景から、目をそらすことができませんでした。しかし父親はまるで周囲の状況など気にもとめないかのように、まっすぐに歩いて行きました。ついに娘は、父親の袖を引っ張って「パパ、あの人たちに何かしてあげて。みんな、なんて貧しいのでしょう」と訴えました。その貴族は躊躇することなく、娘に鋭い口調で言いました。「私にできることなど何もないよ。そのうえ、私が彼らを貧しくしたわけではない」

そのような話を耳にすると、あなたはこの無関心な貴族に憤りを感じるかもしれません。または、そのような恐ろしい問題に直面した男の無力感に同情し、自身の責任を否定する彼に同調したいとさえ思うかもしれません。

私たちは毎日のように、こうした私たちを当惑や失望させるような人間の苦しみにさらされています。そこで、一人の人間にいったい何ができるでしょう。これらを改善することなど出来るのでしょうか。このようなジレンマに対する選択肢はほんのわずかしかないように思えます。私たちは罪悪感と絶望で困惑することも、「それは私の責任じゃない」と言って、無関心を宣言することもできるでしょう。

しかし、ケイシー・リーディングでは他の選択肢もあることを示しています。それは私たちが、援助を必要としている人々を助けることです。そうすれば、手をさしのべていることが実感できるでしょう。この選択肢は、何の見返りも求めずに他の人の必要性を満たすための行動をするということです。その選択肢をとれば、試みがむだに見えたときでさえ、努力が変化をもたらしたと信じられるでしょう。その変化は目には見えない方法で考慮されるからです。

中立への衝動

友人の二人が喧嘩しているのを見ると、私たちはまず巻き込まれない方法を探してしまいますし、大きな自然災害のニュースを見たら、そこにいなかったことにほっとし、犯罪の犠牲者の話を聞いたときには、自分が同じ目に遭ったらどうやって自分を守れただろうかと考える、というのがごく普通の人たちの反応でしょう。こうした反応は、自己保存の基本的な欲求を表しているのです。しかし、霊的な観点からすると、これらの反応は、私たちが特別な機会から逃げ出していることを意味しています。

人生は毎日のように、創造主の愛を現すためのチャンスを伴って、私たちに関わってきます。そこにはほとんどの場合、他の人々も関わっています。ケイシー・リーディングがたびたび述べているように、人は自分だけでは死ぬことも、生きることも出来ません。私たちは他の人たちと関わりをもつことによって生きているのです。私たちの行動、さらには思考でさえ、あらゆる創造物から常に刺激を受けています。

私たちは巡り会うあらゆる状況の中で、いろいろな選択肢の中から一つを選んでいます。事態をより良くするように努力することもできるでしょうし、悪化するのを放っておくこともできます。しかし、どちらの選択をするにしても、人間社会の出来事の過程に影響を与えているのです。次のような有名な格言があります。「もしあなたが解決の一部でないならば、あなたは問題の一部である」。言い換えると、真の意味で中立的な立場というものはないということです。

私たちはお互いに責任がある

ある問題が起こって、何らかの態度をとらなければならないとき、なぜ真の意味で中立な態度をとることは不可能なのでしょうか。この難しい状況を明らかにするには、アルバート・スピアーが経験した困難な人生ほど、劇的な物語はないという点が挙げられます。

この優秀な若いドイツ人の建築家は、第一次大戦後の混沌とした一〇年間に仕事を開始しました。いろいろな出会いを経た末、彼は気がつくとアドルフ・ヒットラーお抱えの大工の棟梁になっていました。スピアーは自叙伝で、ヒットラーの内輪の人たちに対する催眠術的な力ともいえる能力について語っています。彼は結局、軍備大臣の地位にまで昇進し、ドイツの戦争兵器を持続的に生産する責任を一人で担っていました。ところがこの仕事は間もなく、スピアーがもつ精神的・肉体的なエネルギーの全てを吸い取ってしまうほどの、計り知れないプレッシャーを彼にもたらしました。

戦争も終わりに近いある日、長年の友人カール・ハンケがスピアーを訪ねてきます。友人は非常に狼狽し、不安そうな様子で椅子に座っていました。友人はついに口を開くと、スピアーに向かって、「きみ、もし上シレジアにある強制収容所を視察する話があっても、行ってはいけないよ」とささやきました。友人はその場所で、状況を言葉では説明できないような事実を見てしまったのだと言いました。

スピアーは自著の中で、その友人のアドバイスを聞いた瞬間、彼もアウシュビッツの恐怖に対し、個人的に責任を感じるようになったことを認めています。というのは、彼には選択の自由が与えられていたからです。しかし、そういったアドバイスには彼は耳を貸さないことに決めていました。彼にはするべき仕事があったし、別にそこで何が行われているかについては、知りたくもなかったからです。

スピアーは「その瞬間から、私は道徳的に免れ得ないほどに堕落してしまった。自分の進路を変えることになるかもしれない事実を知ることを恐れて、目を閉ざしてしまったのだ。その結果として、私は選択を誤り、今でも、アウシュビッツで起こったことに対しては責任を感じている」と述懐しています。

その後もヒットラーが連合軍の進行を遅らせるために、ドイツ全土を破壊しようとしていたときでさえ、ヒットラーの大部分の側近たちは、ヒットラーが述べるたわごとに盲目的に従い続けました。しかし、その中にあって、スピアーは自分の責任に気づき、公然と総統を無視し始め、ヒットラーの暗殺計画さえ考えていました。友人や指導者を殺す計画をした当時のことを振り返りながら、彼自身が実際に殺人を考え始めるまで、自分が長年殺人集団で過ごしていたという事実や、いかに彼らから影響を受けていたかについて、自覚できなかったことを認めています。

この物語は、傍観者として受身の立場でいることは、誰にも出来ないことをはっきりと示しています。どちらにしろ、私たち一人一人は、状況を変化させるためにあらゆる瞬間に責任をもっているのです。私たちの選択が、スピアーの場合のように生死に関係ないように見えたとしても、霊的な法則は同じように働いているのです。あらゆる瞬間に、私たちは助けているか、傷つけているのです。

一九三二年にケイシーが若い女性に語ったように、私たちのあらゆる行動や想念は、神の国がこの世に実現するのを助けているか、あるいはそれを妨げているかのどちらかなのです。というのも、誰もが、人生を旅しながら神の助手となっているからです。

私たちの小さな努力が本当に影響力をもつのだろうか

ほんの小さなろうそくであっても、みんながそれを持って火を灯せば、もっと世界は明るくなるという賛美歌を聞いたことがあるでしょう。しかし、誰もろうそくに火を灯さないとしたら、どうでしょう。つまり、あなたの灯したろうそくこそが、変化をもたらすのです。

スピアーが、ヒットラーが命令したドイツ田園地帯の大規模な破壊計画を阻止しようとして半狂乱になって努力したとき、彼は状況にはっきりとした変化をもたらしました。それが事実だからといって、軍備大臣という要職にあった彼が、ホロコーストの恐怖を少なくするために何かができたはずだと考えるのは単純過ぎます。ならなぜ、彼は責任を感じたのでしょうか――。彼は感じるべきだったのです。物質的な観点からは重要でないと思われたとしても、霊的な観点からすると、態度や行動は非常に大きな影響力をもつのです。

一九二五年にエドガー・ケイシーはある夢解釈のリーディングの際、自発的に次の言葉を付け加えました。中国に大災害があり、多くの人が死んだと説明しました。そして、この最近肉体を離れた魂の多くが、これからの数年間に、あの国の発展に根本的な影響を与えるために、霊的領域の位置についたとケイシーは述べたのです。言葉を変えれば、これらの魂の態度や欲求が、人間の問題に影響を与え続け、霊的次元の中でのその位置からいっても、「かなり大きな」影響を与え続けることになるのです。

これは新しい考え方であり、私たちが理解している以上に、一人一人の人間は精神的、霊的レベルで大きな影響を与えていることを暗に意味しています。しかし、この力を求めるために、死んで肉体を離れるまで待つ必要はありません。私たちの行動は、態度や考えと等しく重要であり、ひとたびこのことに気づけば、もはや「私にできることは何もない。私には責任はない」と言うことはできないのです。人生がもたらすあらゆることは、各自に帰されるのです。それが単に気遣うだけのことであったとしても、何かが変わるのです。

責任があるということと責任をとるということの間には、違いがあります。ある問題や難局において、個人的には責任がないときでさえ、私たちにはまだ、建設的な働きをすることはできるということです。

小さなことが強力でありえる

「ただ一つの言葉でさえ、それがもっている力を知るのは不可能である」という有名な格言があります。哲学者のE・F・シューマッハーは同じような意味合いを込めて、「小さいことは素晴らしい」というフレーズを造り出しました。また、有名なロシアの演技指導者コンスタンチン・スタニスラフスキーは、「重要でない役割などないが、重要でない役者はいる」という言葉を好みました。

小さいことが重要であるというこの法則を、どのように理解すればいいのでしょうか。大方の主張は数世紀にわたって、大きい方が常に良いという考え方を支持してきました。それがハンマーであろうと、国であろうと——。しかし実際には、それがいつも正しいとは限りません。現代では、価値観の変化を経て、ますます多くの人が小さなものの価値を認めるようになってきています。

例えばマイクロチップは、私たちのライフスタイルに、数え切れないほどの変化をもたらしました。情報を蓄え処理するのにほんの少量の電気を使うだけで、この小さな発明品は、事実上現代生活のあらゆる側面を大改革しています。このように技術の小型化は、私たちの時代において、主要な文化的原動力になっています。

また自然科学は、外界の現象として見出されたことが、心や精神という内的世界においても同じように有効であることを発見しています。マイクロ電子工学の小さい部品がときには最も価値があるのと同じように、ただ一つの行動や言葉が、個人の全体的な成長に影響を与えることがあるのです。

誰もがほんのちょっとした行動や言葉が、いかに大きな影響力があるかを経験しています。南部の小さな町で育った少年が、東洋の格闘技に興味を抱きました。ある晩、彼は寝室で、ドアに向かってキックの練習をしていました。ついに自分の上達ぶりに満足して、キックを壁に向かって実践してみることに決めました。彼の足が、彼のベッドルームとクロゼットを隔てているプラスター・ボードを突き抜けたとき、彼は家の構造がどうなっているかを学ぶはめになってしまいました。

ところが、この少年は恐れですくんでしまったのです。家の壁を壊したことで受けるであろう激怒を、想像することができませんでした。青ざめ、まじめくさった顔をして、彼は父親のもとへ行き、「お父さん、僕がやっちゃったことを言わなければならないんだ」と告げました。

父親は当惑し、少し心配しながら、その先を尋ねました。少年は冷静に父親をその「悪事」の現場に連れて行き、そのそばに立ちました。最悪の場合に備えて腹を据えていた少年は、父親が笑って「これならパパにも直せるよ」と言うのを聞いて驚きました。

父親にとって、このようなことは、親に苦労と喜びを与えてくれるありふれた些細な出来事に過ぎませんでした。しかし、罪悪感と恐れで震え上がっていた少年にとって、父親の反応は、救いと神の慈悲を味わうに等しいことでした。そして、父親の方ではこの出来事を数日のうちに忘れ去ったにもかかわらず、この事件は少年の記憶に生き続け、大人になってからも彼の性格の発展に影響を与えました。

私たちが他人にどれほど大きな影響を与えているか、自分では決してわからないでしょう。私たちの何げない意見が、誰かに大きな影響を与えるかもしれませんし、表面的には重要でないほんの短い会話が、一人の人物の未来に重大な影響を与えることもあるのです。

エドガー・ケイシーの人生も、アーサー・ラマースとの短い出会いによって影響を受けました。一九二三年、ケイシーはプロの写真家であり、時折、「サイキックな（透視能力をもつ）診断専門医」として奉仕していました。当時は、そのサイキックな才能を、パートタイムで医学的な情報を提供する目的にのみ使っていたのです。

ある日、アーサー・ラマースがケイシーの目の前に現れ、彼のホロスコープを透視するリーディングを求めました。ケイシーには奇妙に聞こえる依頼内容でしたが、質問を受けることにしました。すると驚くべきことに、とられたリーディングは、ケイシーのリーディングで初めて、輪廻転生の概念に言及していたのです。こうして、このほんの小さな出来事が、ケイシーの人生や仕事を全く新しい方向に向け、劇的に変えることになりました。ケイシーの霊的な情報の全遺産は、一人の通りすがりの人物による大して重要とは思えない一つの依頼に、さかのぼることができるのです。

共鳴の法則

他人に与える影響を理解するためのもう一つの方法に、「共鳴の法則」があります。説明のために、あなたが両手に同じ音程〈周波数〉の音叉《おんさ》を持っているところを想像してみましょう。音を出すために、一つの音叉を硬いものでコッンと叩きます。音が鳴ったら、もう片方の手にある同じ音程の音叉をそれに近づけます。すると、その第二の音叉を叩いてもいないのに、音を出し始めます。一つの音叉の振動が、もう一つの音叉の振動を刺激したのです。この現象が「共鳴」として知られているものです。

この「共鳴の法則」は、人にも同じように働くのです。あらゆる瞬間のあなたの考えや態度は、外へ向かって放出され、ほかの人の考えに影響を与えます。もちろんその影響はあなたからだけではなく、あなたに向かっても働き、あなたが意識しなくても、あなたの感情、気分、考えは他の人によって影響を受けています。キーワードは「感化される」です。「支配される」とはかなり意味が異なります。

私たちは、自分の心的状態を選択する自由意志をもっていますが、それでも他の人たちからやってくる影響を受けると、他人に対する感情や態度が容易に変わってしまう恐れがあるのです。だとすると、あなたは他人の考えや行動に対して、責任が生じるのでしょうか。答えは「ノー」です。各個人はそれぞれの決定に従って考え、行動する力をもっています。ですからあなたは、自分の考えや行動にのみ責任をもっています。ただし、あなたの考えや行動が、世界中の全ての人に影響力をもっていることは認識しておきましょう。そして、積極的・建設的な心の状態を通して、他の人々を助けるべきだという意味では、あなたにももちろん責任があるとも言えるのです。

私たちは世界の状態に対して、どのように影響を与えるのかと質問されたケイシーは、小さなグループであっても、通常期待されるよりはるかに大きい影響力をもつことができると答えています。たった数人の献身的な祈りと正しい行為が、世界の出来事の方向を変えることができるとケイシーは言いました。それどころか、あるときなどは、たった一人の人が町のあり方に変化を与えられることを指摘したこともありました。

どのような不思議な出来事があれば、ケイシーが言っていることが正しいことが証明できるのでしょうか。彼はマインド・コントロールのことだとか、正気を失った指導者の怒りと攻撃性を鎮めるための祈りのグループについて触れていたのでしょうか。そうではありません。サイキック（心霊的）な操作を行うことは、魂の自由意志の法則に違反しています。

たぶん「共鳴」がより正しい答えでしょう。建設的な精神で祈り、生活をしている人は、ちょうど叩かれた音叉から発せられる振動のパターンと同じように、ある振動のパターンを作り出すことができるのです。例えば、戦争に巻き込まれながら平和や相互理解への願いを抱いている誰かが、第二の音叉のように働くのです。緊張と非友好的な環境のさなかでさえ、その人物は平和と相互理解を選ぶことをより容易に感じることができるのです。小さくて、表面的には大して重要とは思えないような、ほんの数十人の努力であっても、数百万の人々に作用するには十分な影響力があるかもしれないのです。

ではどうすべきなのか

ケイシーの「あなたの祈りに従って暮らしなさい」という提案は、とても良いアドバイスです。しかし、それを各自が取り入れるかどうかは、自分で決めなければならない個人的な事柄です。例えば、あなたが環境問題に関心をもっているとしましょう。ファーストフード・レストランの安い牛肉を大量に生産するためには牛にやる穀物を育てる必要があるため、熱帯雨林が見境なく切り倒されているという話をあなたも聞いているでしょう。また、ガソリンや他の化石燃料が空気を汚しているという事実を知って、心配しているかもしれません。あるいはエアコンの使用や発泡スチロールの製造過程で放出されるフロンガスがオゾン層を破壊している、という報告を読んでいるかもしれません。もしあなたが、これら問題の全てを心配しているとしたら、あなたは何から始められるでしょうか。ハンバーガーを食べないようにする？ 車の運転をやめる？ あるいは全ての発泡スチロールの製品をボイコットし、エアコンの電源を切るでしょうか。

もし、とり得る全ての行動をとったとしたら、あなたはたぶん、自分に課した制約に腹を立て始めるでしょう。事実上、ある程度環境に有害な影響を与えることなしに、この技術化された現代社会で暮らすことは不可能だからです。それでは、ただ絶望してあきらめるべきなのでしょうか。そうではありません。あなたができ得るどんな建設的な努力であっても、変化を作り出すことができることを覚えておいてください。

車のハンドル操作を考えてみましょう。そこには、ハンドルが効果的に車の位置を変えられる範囲というものがあります。ほんの数度のわずかな回転でさえ、適切な新しい車線に車を移動させることができます。しかし、運転中に急ハンドルを切ったりすると、その車を横転させたり、衝突させたりする危険性が出てきます。

心の中にあるハンドルを使って、あなたが最も関心をもっている問題に関わってみましょう。ハンドルをゆっくり効果的に回すのに似た動きをすればよいのです。一人の人にとって正しいことが、必ずしも他の人にとっても正しいとは限りません。熱帯雨林伐採問題を心配している人は、ファーストフード・レストランに行くこと自体をボイコット（やめる）するかもしれませんし、単にハンバーガーを食べないことにするだけで済ませる人もいるかもしれません。あるいはハンバーガーを食べる回数を減らすだけという人もいるでしょう。これらの行動は、自分の生活を深刻な状態に追い込むことなしに、できる範囲内で問題に取り組んでいる一例です。

あなたが関心をもっていることに関して、何をし、それをどれぐらい多くするかは、あなた自身の意識によって決定されます。少し不自由な思いがしたとしても、自分にできる精一杯のことを行いましょう。しかし、もし義務感や憤りに従うならば、今のあなたにとって最適な状態を超えてしまうかもしれないので、注意が必要です。

神は私に何をしてもらいたいのだろうか

あなたはあらゆる瞬間において、助けているか、さもなければ傷つけています。日和見《ひよりみ》的な態度も、中立的な態度もあり得ないのです。あなたの心のどこかが、「助けるか、傷つけるかのどちらかなら、私は助けたい。癒しや創造性の側にいて協力的でありたい」と反応するはずなのです。しかしあなたは毎日、いかなるときにも、そのような態度を続けられるかというと、それはできないでしょう。しかし、できる限り多くの機会に、積極的な貢献をしたいと望んでいるのではないでしょうか。しかし、それを「どのように」行うべきかがわからないこともあるのではないでしょうか。毎日、賢明で効果的な方法で処理できるでしょうか。ときには問題が生じ、どうすべきかわからないこともあるでしょう。

ケイシー・リーディングでは、心から世界を救いたいと願っている人に対して、ある戦略を勧めています。それは、まず一日に何度も選択をしますが、まずは気づかう必要があるかどうかを選びます。その選択をするために時間をとり、心を配ることによって活動的な力が蓄積されるのです。

第二の方法は、あなたがどのように変化を生じさせられるかを決定することです。これははるかに難しいことでしょうが、もし助けたいという欲求が真摯《しんし》なものであれば、「どのように」という方法は、自ずと示されます。ケイシーは人々に対して度々、「神は自分に何をしてもらいたいのだろうか」と真摯に尋ねるように助言しています。この質問を静かに二、三回尋ねてからじっと耳を傾けましょう。耳で聞こえる声を期待する必要はありません。しかし、もしあなたが常に、心からこの指導を求めるならば、いつかはその答えが明かされるはずです。そして示唆されたことを「適用」するにつれて、目に見える方法、見えない方法の両方で、影響力を伝えることができるようになるのです。

まとめ

ここで大事なことは、世の中に対するあなたの反応や働きかけが、実は気づかないうちに建設的で肯定的な立場をとっているか、破壊的で否定的な立場をとっているかのどちらかだということに気付くことです。どちらに傾くかの選択を一日に何度も行っているからです。変革できるのだということを心に留めて、一日を過ごしてみましょう。生活上の小さなことであっても、周りの世界に影響を与えることに注意を払いましょう。

また、状況に反応する様子について気を配る時間をとってみましょう。考え方、言葉、行いによって、希望や自尊心、理解力を育てるようにしましょう。

法則12　愛とは相手の自由意志に敬意を払うことである

現代のことわざに、「もし何かを愛しているなら、それを自由にしてあげなさい。もし戻ってこなかったら、それは最初からあなたのものではなかったのです」というのがあります。最近、このことわざをもじった言葉を、車のバンパーに貼り付けたステッカー上に見つけました。「もしそれが戻ってこなかったら、見つけ出して殺してしまえ」と後半部分を変えてあるのです。そのようなパロディは面白いかもしれませんが、我慢できない内容になっています。

この皮肉な内容は、強い印象を与えますが、愛を支配や管理と間違えているのは実に不幸なことです。愛の名のもとに、親は子供たちを窒息状態にし、恋人たちは相手を束縛しています。今日、文明全体としては奴隷制度は減少していますが、先ほどの親や恋人たちが決まって吐く言葉は、「私は、あなたにとって一番いいと思うことを望んでいるだけだよ」です。愛を束縛に変えるほど歪めてしまえる人間の心とは、いったい何なのでしょう。この重要な質問に答えるためには、力、支配、自由意志の三つの要素を注意深く調べなければなりません。

力と支配ははっきりしています。力とは、物事を行わせる影響力です。馬力、原子力、政治力のように使われます。支配とは、力を、人や物に対して行使することです。誰でも、支配したり支配された経験をもっています。では、自由意志とは何でしょう。

あるとき、日曜学校の先生が、高校生のクラスの生徒に尋ねました。「猫って自由意志をもっていると思う？」と。すると生徒全員が「もっています！」と答えました。そして、その中の一人の生徒が「猫はお腹がすいたら、食事を食べます。もし自由意志がなかったなら、食べようとはしないでしょう。その猫は、選択の自由を働かせているのだと思います」と説明しました。これはとても良い答えです。

しかし、重要な点を見逃しています。猫は空腹という肉体的な法則に従っただけではないでしょうか。ある猫が空腹なとき、自分よりもっと空腹な猫に対して、同情心から自分の食べ物を与えたりするでしょうか。子猫に対する母猫の場合を除いて、そんな事態は起きないでしょう。つまり、猫の場合は生まれながらの本能なのです。すなわち猫は、単に本能のままに行動しているに過ぎないのです。本能は、自己保存と種の保存という二つの自然の法則から生まれます。自然の王国においては、自由意志が存在する可能性はないのです。あらゆる創造物は、「創造の法則」に従って生きているだけなのです。

その点、人間は単なる創造物とは違います。もちろん私たちも、肉体的な存在としては本能を共有しています。しかしそれは、単に表面的な固有性に過ぎないのです。もっと深いレベルでは霊的な存在であり、「神の子」である魂、つまり創造的なスピリット（霊）としての存在なのです。ところが不幸なことに、私たちの霊性と肉体という二つの性質は、いつも協力しているわけではありません。さらに具合の悪いことは、肉体的欲望を肥大化させるために、霊的な力を使うこともたやすくできることです。

ケイシー・リーディングが度々私たちに警告しているように、私たちは悪事も奇跡も創造する力をもっているのです。では私たちがそのどちらを創造するかは、何が決めるのでしょうか。

力と責任

朝、出かけようと思ったら、自動車のエンジンがかからないとか、突然会社から一時解雇されるなど、人生における無力感を痛感する機会はたくさんあります。病気になることもそうです。例えば、人を弱気にさせるのに、インフルエンザにかかるほど良い例はないでしょう。しかし、このような例もありますが、現実には大方が認めている以上に、私たちは常にたくさんの力をもっているのです。科学的な研究によって、人間は脳がもっている潜在的な力のほんの一部しか使っていないことがわかっています。あなたが脳の全部の力を自由に使えるとしたら、どうでしょう。次の物語はそれを考えるために、一つの手がかりを与えてくれます。

ケイシー病院が順調に運営されていた一九三一年二月一五日のこと、日曜の定例集会でケイシーは、若い頃に行ったメンタル・テレパシーの実験について話をしました。そのときの彼は明らかに自分の潜在意識に存在しているらしい驚くべき能力に当惑していたのです。傲慢にもケイシーは友人の一人に、「僕は、人を強制的に僕のもとに来させることができるよ」と自慢しました。彼女は、たからです。

「そんなことあり得ないわ」と反論しました。それに対してケイシーは、「じゃあ、君に証明してみせるよ。明日の一二時前に君の兄貴がここにやって来るよ。そして、それだけでなく、私に何かを頼むよ」と答えたのです。これは野心的なほら話のように聞こえました。というのも、この女性のお兄さんはケイシーに好意をもっておらず、彼のサイキックな仕事に対して共感も抱いていなかったからです。

次の日の朝一〇時、ケイシーはこの女性の兄さんに気持ちを集中しながら、事務所の椅子に静かに座り、三〇分くらい意識を集中していました。すると下の道を彼が通るのが見えました。次いで向きを変えて、ケイシーの仕事場の階段に向かってきたではありませんか。しかしそこに数分間立って階段を見上げたものの、戻っていってしまいました。数分間して彼は再び向きを変え、今度は階段を二階まで登ってきました。妹は、兄を見て驚きました。「まあ、兄さん、いったいどうしたの」と尋ねました。彼は帽子を手に持ちかえながら、テーブルの端に座り、ようやく答えました。

「さあ何だかよくわからないんだけど、昨晩店でちょっとしたトラブルがあってね。それで、君がケイシー氏のことをよく話しているだろう。だから彼が私を手伝ってくれるかもしれないと思ってね」と。

ケイシーによれば、妹はこの言葉を聞いたときほとんど卒倒しそうになったそうです。ケイシーは次の日も別の人に対して同じことをやったのでした。しかしこの経験をした後、このようなことは二度とするまいと決心しました。なぜでしょう。それはこういった行為が、神聖な才能を、彼の意志を他人に押し付けることに使っているのだと気づいたからです。一九三一年の講義でケイシーは、精神的に他人をコントロールすることは、「黒魔術」に関係していると主張しました。ケイシーは「私たちの情報によれば、他人を自分の意志に強制的に服従させる人物は、誰であろうと暴君である」と言い切りました。

強制なしに誤りを正すには

愛、支配、自由という問題が最も顕著に現れるのは、家族、特に親と子供の関係においてでした。多くの人が自分の子供の育て方についてのアドバイスを求めて、ケイシーのもとにやってきました。彼らの主な関心事は、どのようにしつけたらよいか、という点でした。リーディングは、確かに子供たちを指導し監督する必要性は認めましたが、子供の意志をくじく恐れのあるしつけについては一貫してやめさせました。

子供の「強情で、生意気で、反抗的な態度」に困っていたある夫婦が、リーディングで尋ねたことがありました。「子供が手に負えないとき、怒ったり叩いたりするように勧めますか。それとも、他に何か勧めてくださる方法がありますか」。ケイシーの答えは、「子供を叱ったり痛めつけたりするのではなく、忍耐、親切心、優しさこそが、常に子供に対して使われるべき方法である」というリーディングとしては典型的なものでした。

あるとき育児に関するケイシー哲学を知っていたあるビジネスマンが、それと正反対のよくある光景に出会いました。飛行機で旅をしていて、彼は五人の家族――両親と三人の子供――の前に座っていました。長い飛行の間、子供たちは全く騒々しい状態でした。彼らは泣き叫び、騒ぎ立て、金切り声を上げ、通路を走り抜けていました。ところが父親は、彼らを叱り続けることによって大混乱を倍加していたのです。「やめろ。ひっぱたくぞ。尻をむちで思いっきり叩くぞ。静かにしろ、言っていることがわからないのか」という感じです。しかし彼の脅しは全く役に立たず、ただ混乱状態に加勢しただけでした。

　確かに学校時代を思い出せば、大声を張り上げたりしなくても、私たちの尊敬を集めていた教師は確かにいたはずです。では、何がこの違いを生み出すのでしょう。一方の人物は居丈高《いたけだか》な性格にもかかわらず尊敬を集めることに失敗しているのに、もう一方の人物はどのようにして静かでありながら、心からの尊敬を得ることができるのでしょうか。

　もちろん子供自体の違いの問題もありますが、規律を保つ最大の要素は、両親や指導者の内面生活に関係しているように思われます。一九三二年、ある夫婦が彼らの思春期の子供たちに関するアドバイスを求めて、ケイシーのもとにやってきました。子供たちは学校に行きたがらずに、ぶらぶらしており、勉学を続けるよりも早く仕事に就きたいとさえ言っていました。両親は子供たちに、強制してでも学校へ行かせるべきかどうか悩んでいたのです。

　リーディングは、単純にイエス・ノーを言うのを差し控え、その代わりに両親に、自分たちの教育に対する態度をもっとよく見つめ、子供たちがただ単に親たちを手本にしただけなのではないかを見極めるように勧めたのです。もしかしたらその両親は子供の就学前に彼らが口にした言葉によって、子供たちに正規の教育に対する反感を植え込んでいたかもしれないからです。

誰かを導き、指導するために最も効果的な方法は、まず自分が理想の指導と規律を受け入れることです。例えば、母親との関係がうまくいかずに悩んでいた四三歳の女性がいました。そこで彼女はケイシーに助けを求め、関係を改善する方法を幾つか尋ねました。

ケイシーの答えは、まず自分の中に調和の取れた状態を作り出しなさい、というものでした。しかし、彼女は母親についての質問を続けました。するとケイシーは静かに、本当の問題は母親ではなくその女性の生き方そのものの中にあり、彼女自身の内部の調和を勧め、それこそが彼女が母親に提供できる最高の手助けだと諭しました。なぜならケイシーが言うように、誰一人として他人の人生を生きることも、他人の代わりに考えることもできないからです。

リーディングでは、癒しの祈りでさえ、個人の意志を他人に押し付けていることになると警告しています。あなたの愛している誰かが、アルコール中毒のような依存症で苦しんでいる場面を想像してみましょう。祈りは確かにその誰かを助けるために取り得る行動の一つでしょう。しかし、もしこの愛する人が今の状態から変わる気がない場合には、どのような祈りの形が最善でしょうか。

ケイシーは直接的な祈りと保護の祈り、この二種類の祈り方を挙げています。

「直接的な祈り」では、相手にははっきりとした癒しが生じることを求めます。このような祈りは、その対象者自身がそのような努力を求めた場合に行われるなら適切なものとなります。その場合は、対象者がすでに望んでいる変化の過程に、あなたがエネルギーを加えているのだから、問題はないのです。しかし、もし祈られている方の人物が、あなたの努力に賛成していないならば、直接的な祈りはその問題をさらに悪化させる可能性があります。そのような場合には、「保護の祈り」が最適です。

このタイプの祈りでは、変わるかどうかは祈られる方の相手の自由意志に任せながら、その人物が愛と癒しの力に取り囲まれ、守られるようにと祈るのです。

自分の立場をはっきりさせることは適切だろうか

自由意志というこの領域を考えるとき、一つの懸念があることを話さなければなりません。それは、自由意志の名のもとに、他人を迫害するままにさせておいていいものかどうか、という問題です。例えば、男の〝自由意志〟を尊重して、妻を叩くままにさせていてよいのか、あるいは、君主国の〝自由意志〟を尊重して、国民を奴隷にするのをそのまま認めてよいかどうかです。もちろん答えはノーです。自由意志という神からの贈り物は、個人の意志を他人に押し付けるために与えられたわけではないのです。道徳的な文明社会はそのような誤った自由意志が乱用されるのを防ぐために計画され、みんながお互いに受け入れた法律に基づいて作られています。

私たちは、たとえある個人を愛していたとしても、相手のわがままに断固として立ち向かわなければならない場合があります。一九三四年、四八歳の母親が、ケイシーから一連のリーディングを受けました。それは、彼女の成人した娘が不幸な結婚に見切りをつけ、幼い息子を連れて家に帰ってきたときにとられたものです。この女性は、この困難な状況をどのように解決したらいいかと悩み、たくさんの問題を抱えていました。

リーディングは、これまで彼女ができることは全てやったのだから、不安を解き放すようにと勧めました。関わっている当事者が、自分たちの力で解決する必要があるのだから、というのがリーディングのアドバイスでした。

その女性が次に尋ねた質問は、娘の夫を裁判所に連れて行って、強制的に子供の養育費を払わせるべきかどうかでした。ケイシーは、母親と娘に、まずその子供の世話をすることが義務と特権であることについて、夫の自覚に訴えるようにと助言しました。母と娘は、その父親に対して気配りと敬意をもち、彼が自由意志で自分の義務を果たせるようにチャンスを与えるべきだとケイシーは言ったのです。それでも彼が拒絶し続けるならば、そのときには法廷に連れて行くようにとリーディングは忠告しました。

力と束縛

文明の成熟度を評価する一つの方法は、その指導者が権力をどのように行使しているかを観察することです。そして、すでに強い人々をどのように抑え、弱い人をどのように保護しているかによって、成熟度がわかります。こうしたことを実現するための法律があり、それが実施されれば、公正さが実現されるでしょう。

例えば、肉体面では、一般に男性の方が女性より強いわけですが、この生物的な事実のために、文化によっては女性を単なる所有物に格下げしているところがあります。西洋文明でも初期の頃はこの傾向にあり、徐々に変わってきてはいますが、今でもその変化はそれほどは速くありません。

しかし、一二世紀に新たな意識が夜明けを迎え、それが吟遊詩人の愛の歌に反映され、突然女性たちは新しい地位を獲得して、騎士道という新しい習慣のもと、保護すべき人としての権利を与えられました。そして、男性よりも魅力的で繊細な性である女性に敬意を示し、仕え、彼らを保護することが、あらゆる良き騎士の義務となり、特権となったのでした。悪と戦い、弱き者を保護することに加えて、騎士道の規律は恋愛関係においても適切な応答を定めました。女性たちは突然、自由意志を働かせ、男性と同等の権利を得て発言する機会をもつようになりました。

この新しい認識は、アーサー王と円卓の騎士伝説の「ガーウェイン卿の結婚」によく表されています。この話は、困っている女性を助けるために邪悪な騎士と戦うアーサー王の物語で始まります。しかし、この悪い騎士は、アーサーの力を弱めるように戦いの場に魔法をかけ、不正に戦ってアーサーを負かしました。そして、今すぐに死を選ぶか、それとも一年間かけて謎を解くかのどちらかを選ばせました。もし一年後、アーサーが正確にその謎を解くことができなければ、土地と所有物の全てを剥奪《はくだつ》されることになります。アーサーは後者を選択し、解くべき謎の中身を聞きました。それは、「女性が最も望んでいるものは何か」という問いでした。

その後数ヶ月をかけ、アーサーは答えを求めてあちこちを探し回りました。高価な宝石、肥沃な土地、ハンサムな騎士との結婚――。アーサーは、それらのどれが正しい〝答え〟なのかを知りたいと思いました。ついにその年も終わりに近づき、約束の日がやってきました。テストの場所までの道々、森を通りながら意気消沈して歩いていると、彼がそれまでに見たこともないほど醜い老婆を目にしました。彼女との接触を避けてアーサーは道の反対側に進み、彼女に気づかないふりをしました。しかし彼が通り過ぎようとすると、その老婆は大声で彼の名を呼び、言いました。「あなたはあたしを、挨拶するには醜過ぎると考えているのでしょう。それはわかっているわ。でも私は、あなたが一番欲しがっているものをもっているのよ」。

彼女の言葉はアーサーの興味をかきたてたので、彼はその先を尋ねました。彼女は「私はあなたが与えられた謎の答えを知っているわ。お望みならば、一つの条件付きでその答えをあなたにお教えします。もしその答えが正しかったら、私をあなたの宮廷の騎士と結婚させてください、というのがその条件です」と答えました。

この答えが正しかったことがわかり、アーサーはその邪悪な騎士の与えた難問題から逃れられたのでした。喜びの歓声の中、アーサーはキャメロットに帰りました。彼が全ての物語を話し終わったとき、喜びは悲嘆の声に変わりました。アーサーは悲しげに、騎士の中の誰かが進んでその醜い女との結婚を申し出て、アーサーの誓約を果たすようにと求めました。全ての騎士は顔を伏せ、目をそむけました。すると最後にガーウェインが、王への愛から前へ進み出ました。醜女が宮廷に案内され、嘆きと悲しみの中、二人はそこで司教によって結婚式を挙げました。悲しみに満ちた結婚の祝宴の後、新婚初夜なので、二人を残して宮廷の人々全員が散会しました。

ガーウェインは、勇敢にも花嫁を寝室へと導き、寝る準備を始めました。ガーウェインが甲冑《かっちゅう》を脱いで振り向くと、部屋の中に、これまで見たこともないほどの美女が立っているのを発見して、びっくりしました。しばらく放心状態の沈黙の後、彼はどもりながら聞きました。「あ、あなたは、ど、どなたですか？」

その女性は答えます。「私はあなたの花嫁です。私は魔法をかけられていたのです。あなたが喜んで結婚してくださったおかげで、魔法は一部だけ取り除かれました。そしていま、私は一日の半分だけ本来の美しさに戻ることができるのです」。

次いで、女性は難しい質問をしました。「あなたは、昼間と夜のどちらに私が美しくいることをお望みですか」。

しばらく考えるふりをしてから、ガーウェインは、ベッドをともにする夜にこそ、美しくいてほしいと言いました。しかしその女性は、ガーウェインの選択はもっともだが、彼女の観点から、この問題を考えてみてほしいと頼みました。ガーウェインは、彼女が宮廷の人々と社交的に触れ合う日中にこそ、美しくありたいと思うことに気づけなかったのです。

彼の愛情が試されることになるこの問題に、ガーウェインはよく考えてから、答えました。「ご婦人よ、あなたの望むようにいたしましょう」。その答えを聞いて花嫁はうれしそうに打ち明けた。

ガーウェインが彼女に選択の自由を与えたために魔法は完全に解け、彼女は昼も夜も一日中、彼女本来の美しさでいることができるようになったのです。

この魅力的な物語は、次のような文章で終わっています。「そしてガーウェインは、その魅力的な女性をシーツに横たえながらキスをした。真の騎士であることを誓った彼であればこそ、この出来事はいよいよ甘美なものに感じられた」。

真の愛とは、所有することでも、支配することでも、操作することでもないのです。そうではなく、真の愛とは誠実であり、協力的であり、解放することなのです。他人を愛するということは何よりもまず、その人物に、それが子供であろうと親であろうと、恋人や友人であろうと、神からの贈り物である自由意志を働かせる権利を与えてあげることを意味しています。

まとめ

身辺にある個人的な関係を調べてみましょう。あなたが一番愛している人は誰ですか。少し時間をとって、それらの人たちに対するあなたの感情や態度をよく吟味してみましょう。それらの人たちの中に、間違っている生き方をしていて、あなたの愛や心配から特に気遣っている人がいるでしょうか。あなたはその人に対して度々、忠告や、ときには支配によって介入したいと思っているならば、その行動と反応を変えるように努めてみましょう。数日間、その個人に対して、これまでとは異なったやり方を試してみるのです。

とにかく、その人の自由意志に対してあなたが敬意をもち続けていることが、何よりの優先事項となります。その人自身が選択をする余地を与えるようにします。たとえその人物の決定があなたの望んでいたものとは違っても、あなたは協力的なままでいましょう。彼や彼女の独立心や自由に対して、さらに深く敬意を払うことによって、その個人に対するあなたの愛を表現するように努めましょう。

法則13　深い同情心は理解のための一つの方法である

ウイリアム・R・ホワイトの書いたユダヤの民話に、一人息子を痛ましい事故で亡くしたばかりで、悲嘆に暮れている未亡人の話があります。悲しみで絶望的になったその女性は、聖職者に魔法でも使って「私の息子の命を取り戻してください」と嘆願しました。その賢者はしばらく黙っていましたが、穏やかに言いました。「悲しみを知らない家から、一粒のからし種をもらってきなさい。あなたの悲しみを癒すために、私はその種を使いましょう」。

この約束に励まされて、未亡人は直ちにそのからし種を探すために出発しました。まず、この村で一番金持ちの家に行き、「私は、悲しみを知らない家を探しています。お宅がそうなのでしょうか」と告げました。その家の女主人は苦しみに満ちた目でじっと彼女を見つめ、最後に涙を流して「あなたは訪ねる家を間違えたようですわ」とつぶやきました。そして未亡人を彼女の家に招き入れ、家族を襲ったあらゆる悲しみを詳細に説明しました。未亡人は、その女主人を慰め元気づけるために、数日間もその家に滞在することになりました。

そこを出発してからまた探索を続けましたが、大邸宅からあばら家まで、どこへ行っても悲しみや苦しみに悩まされた暮らしがあったのです。彼女が会った人々の物語は彼女の心を動かしました。常に同情と理解をもって話に耳を傾け、彼らの悲しみを和らげようとしました。ついに彼女は、魔法のからし種を探すことを完全に忘れてしまい、他の人々に対する同情心によって、彼女自身の心の傷もすっかり癒されていたのです。

その未亡人は同情心の奇跡によって、悲しみから解かれました。しかし、「同情心」(compassion)とは何でしょう。字義通りには「ともに(com)苦しむこと(passion)」を意味しています。同情心をもつことは、他人と感情を分かち合い、彼らを助けようとすることです。同情心をもつことは何かを知るための一つの方法であり、本物の知識への道であるといえます。

エドガー・ケイシーは同情心のある人でした。あまりそのことは知られていませんが、彼が残した遺産からそのことがわかります。その遺産とはおびただしい数の往復書簡です。それらの手紙からは、他の人々の苦闘や苦しみに対する深い気遣いが感じられます。

同情心は経験から学ぶ

「同情心」「思いやり」が素晴らしいものであることは言うまでもないことですが、ではどのようにしたら、それらを手に入れられるのでしょうか。そしてその性質を得たかどうかが、どのようにしたらわかるのでしょうか。またそれらを保ち続けるのは可能なのでしょうか。

あらゆる文化がこの「思いやり」という態度を高く評価しています(少なくとも自分たちの仲間に対する思いやりについては)。そのため歴史的には、立法によって、思いやりが存在するように努力しています。シュメール人を始め、エジプト人、ユダヤ人、そのほか数え切れないほどの社会が同じような努力をしているといっていいでしょう。さらに一九六〇年代のアメリカ公民権立法も、思いやりを宣言する試みを行っています。しかし問題は、真の思いやりは政治的に定めることが出来ないということです。

法律は作成できますし、行動は強制できますが、誰も心の状態を指示する方法は見つけられません。ということは、宗教の真珠であり文化の花である思いやりというものは、各個人の意欲によって育まれるものだといっていいでしょう。では、その意欲をかき立てるものは何でしょう。そしてどうすれば他人の喜びや苦しみに敏感になれるでしょうか。

誰かから思いやりを受けたり、困っているときに親切な言葉をかけられたりすることで、その大切さを実感できるでしょう。

ある人は青春時代のこんな経験を話しています。高校時代、なんとなく彼女との関係がうまくいかなくなり始めていました。卒業後、彼女は夏のアルバイトをするために、町から車で六時間ほど離れた場所へ行ってしまいました。少年は彼女との関係を戻すため、絶望的な試みをしようとして両親の車を借り、希望を抱いてそこに向かいました。苦痛に満ちた三日の後、試みは無駄となり、彼の恋は終わってしまいました。彼は、ばつの悪い思いや絶対的な孤独を感じながら、両親の家に戻ってきました。

夜遅く着いたとき、兄は深夜映画を見ながら起きていて、最初、弟を見て驚きましたが、すぐに状況を察しました。いろいろなことが言えただろうし、冗談も言えたはずですが、兄は思いやりのある沈黙を守ってくれました。兄は弟に、単にソーダを飲んでテレビを見るように勧めました。この恋に悩む青年は、この瞬間を決して忘れることはありませんでした。この行為は彼の心を感謝の気持ちでいっぱいにしたのです。家に向かって運転しながら、彼は孤独を感じ、愛されていないと感じていました。しかし彼はいつもと変わらない兄弟の愛と思いやりに出会えたのです。

もちろんあなたにも、他の人から思いやりを受けた経験があるでしょう。そのような瞬間は強力な教訓として役に立ちます。なぜなら、そのような記憶ははっきりと思い出すことができ、他の人に対する心配りを非常に容易に引き起こしてくれるからです。たぶん、感謝の気持ちは心を和らげ、周囲に敏感になる方法でもあるからなのでしょう。

思いやりを目覚めさせるもう一つの方法は、苦しむことです。本章の最初に、未亡人が深い悲しみに打ちのめされた話をしましたが、この苦痛こそが彼女に他人の苦しみに触れさせる動機を与えたのでした。私たちの苦しみは、同じような心の傷をもった人に同情すると癒されることがあるのです。最近の例として、アフガニスタン市民戦争へのソ連軍参戦の結果として明るみに出たことがあります。それは、多くのアメリカのベトナム退役軍人がソ連への旅行を希望したことでした。何をするためにそうしたかというと、体を壊して精神的にやる気を喪失してしまったアフガニスタン帰りのソ連の兵士たちに助言をするためでしたが、その結果として、アメリカ退役軍人自身が深い癒しを経験することになりました。

苦しんでいる他人に会うことは、一般的な親切心や心やさしい同情心以上に、他の人の苦しみの中に入る気持ちを私たちに起こさせてくれるのです。

ある三人の神学者は、自分たちが説教をしている内容を、試しに個人的に生きてみることにしました。その結果、礼拝が人々を慰めている社会においては、進んで他人と一緒に苦しみたいと思う人などいないわけですから、本物の同情心を実践しようという決意は、相手の心中からの反対や抵抗に遭うことがわかったというのです。同情するということは、弱い人に対しては弱く、傷つきやすい人に対しては傷つきやすく、力のない人には力なく、それぞれに合わせて対応する必要があると、この三人は『同情心』という著書の中で指摘しています。これは、笑う人とともに笑い、泣く人とともに泣いた、というケイシーの描いたキリストを思い起こさせます。しかし、ケイシー哲学の中の人生に関するこの重要な要素は、個人的な権利を得ることや自分の成長に夢中になっている多くのニューエイジ信奉者の観点からは抜け落ちているのではないでしょうか。

「苦しむなんて面倒さ。ともかく、それがみんな幻想だってことを願うね」と彼らは言うかもしれません。それでも、破綻《はたん》した状態にある自分たちどうし、お互いに包み隠さず、じかに対処し合わないうちは、私たちが本物の霊性を手にすることは出来ないでしょう。この三人の神学者が言わずにいられなかったその内容とは、聖書を読むだけの従来のクリスチャンにとっても、避けることの出来ない霊的な法則なのです。そしてこれは、個人的な悟りを期待しているケイシーの研究者にとっても同じように「真実」なのです。

この点を見逃しては、建設的な未来を作り出すための本質的な鍵を失っていることになります。

実際に私たちが霊的な道を歩みたいと望む際、思いやりは重荷となり、わずらわしい義務だと考えられるかもしれません。しかし逆説的ですが、私たちは思いやりが喜びであり、他人の苦しみを支えているうちに、自分自身が解放されるのを発見するでしょう。

同情心の心理学

ある人は同情的で、他の人は同情的でないのはなぜでしょう。親切心も苦しみも、人の心を変容させるという保証はありません。愛情をもって育てられても、自分のことしか考えない人もいれば、他人に無関心のままで一生涯苦しんでいる人もいます。「なぜ」同情的な人とそうでない人とに分かれるかはわからなくとも、「どのように」そうなるか、を観察することはできるでしょう。ロシア生まれで霊性開発の教師であり、ケイシーと同時代のグルジェフは、他人に心配りをする心理学があると主張しています。

グルジェフによれば、私たちの大部分は、霊的に無意識なままに自分の人生を過ごしていることになります。私たちはもちろん、自分が何を行い、自分が誰であるかを知っていると信じていますが、実際には、自分自身について思い違いしているというのです。そして、私たちが自らに課した「思い違い」のもとで努力をしている限り、ときには感謝されていないと感じたり、虐待されていると感じながら、他人に対して非常に自己中心的な反応をしているのです。グルジェフはこのパターンを「内向思考（考慮）」と呼びました。注意の焦点が自分自身にあるからです。

私たち自身の内にある「非同情的な傾向」に気づくのは容易なことです。この傾向の特徴の一つは、虐待されたときのことを記憶に留め続けることでしょう。グルジェフはこの思考過程を、「内的な理由づけ」と名付けました。同情心にとって障害となるものの中心にあるのは、騙されたり、虐待されたり、真価を認められなかったという先入観です。「あなたがどんなに私を軽視したか、忘れないよ。そうしたことで、あなたは私に借りがあるのだ」という内からの囁きの声の餌食になっているのです。そのような自己中心的な状態では、思いやりをもつ余裕などないでしょう。

グルジェフは、内向思考は無意識的な生き方の習慣的な状態であると指摘しています。言い換えれば、それは誰もが日常的にやっていることだというのです。対照的に、「外向思考」は常に精神的に目覚めた状態でなければできません。同情心をもって行動するためには、他人の中に自分を見出し、私たちの中に他人を見出す能力を開発しなければなりません。基本的には人間関係に応用されたワンネス（宇宙のあらゆるものは結局は一つであるという考え方）の経験ということになります。

もちろん同情心をもって行動するのは口でいうほど簡単なことではないでしょう。これはあまりに多くを要求されるように思え、困難に見えますが、寛大さや忍耐は訓練すべきことであり、実際に他人の苦しみを経験すべきなのです。とはいえ、控えめにいったとしても、私たちの大部分にとって、そのような要求をされることは非常に面倒なことでしょう。私たちにはやるべき仕事があり、行くべき場所があり、会うべき人々がいますし、誰かの悩みを聞く時間さえないのに、それに関与する時間などあるはずがないというわけです。

確かに場合によっては、同情心によって犠牲者になってしまうこともあるのです。

同情心の力

一九四〇年代の初め、世界中のほとんどが戦争という興奮状態にあったとき、エドガー・ケイシーは押し寄せるリーディングの要求に取り囲まれていました。米国内の一流雑誌に載った尊敬の念に満ちた記事や、一流出版社から出された新しい伝記のために、彼の名前は一躍有名になりました。ケイシーの透視力は、リーディングの依頼の詰まった郵便袋の中の苦痛を実際にケイシーに感じ取らせました。その苦痛への同情心から、ケイシーは自らの健康が損なわれるほどの量のリーディングを取り始めたのです。

一九四四年九月、彼はあまりに疲れ切っていて具合が悪く、もはや仕事が出来ない状態にまでなっていました。そして翌年の一月、彼は亡くなってしまうのです。自分を働かせ過ぎて死に至らしめるというケイシーの選択は、賢明なものだったのでしょうか。誰がその問いに答えることが出来るでしょう。たぶんケイシーがとった選択は、奉仕という彼の理想を究極の形で表現したものであったのかもしれません。しかし彼の力を温存することによって、もっと上手にそれを役立てられたのではないか、とも思われます。そのような決断は非常に個人的なものですが、一つだけ確かなことは、本当の同情心を経験するときには、こういったジレンマに直面することが多いということです。

「同情心」は洞察力、すなわち今その犠牲を払うのが適当か、適当でないか、を見極められる賢明さがあれば、バランスがとれるのです。やさしい心をもつには、良識のある付き合いが必要です。そうした日々の思考、感情、やる気の組み合わせ方によって未来が作り出されていきます。「思考」「感情」「やる気」という、人間の魂における三つの性質は、私たちのそれぞれの中で、悟りを目指して進化していくのです。

文化的には知性（思考）と実行（意志）に重きが置かれるために、感情の力は忘れられがちです。自己憐憫《れんびん》や嫉妬、心配をうまく変えれば、私たちの感情に同情心を吹き込むことが出来るでしょう。その結果、普通の視覚や思考では見えない物事が見られるようになり、それが私たちを霊的にも高まった状態にしていくのです。同情心は私たちの感情生活を変容させ、ワンネスを単に理論ではなく、ワンネスそのものを実際に知ることができるようになるのです。ワンネスの心がないところには、妬み、憎しみ、恐れ、貪欲がはびこります。しかし同情心があれば、論理的な心だけでは得がたい、真の幸福や一種の癒しが訪れるでしょう。

まとめ

意識して、同情心によって得られる認識を得られるように努力してみましょう。ここでの学習は二つあります。第二段階の結果が成功するかどうかは、第一段階が成功するかどうかにかかっています。具体的な方法を述べておきましょう。

努力を集中するための一日を選びます。その二四時間、まず「内向思考」という武具をとりはずします。私たちは、他人の好意を悪意に受け取り、それを自分の中で過大にふくらませて誇大妄想のようにしたり、その影響で非常に自己中心的な反応に出たりする傾向があります。そういうときは、人から感謝されていないとか、人から不当に扱われていると感じるものですが、そのような自分で作り上げた幻影を、まず捨てなければなりません。

そういう武装を解く最善の方法は、心の中で行っている「損益勘定」(つまり他人に「こんな嫌なことをされた」という体験を記憶にためていくこと)をやめるのがよいかもしれません。つまり、例えば鈍感な人からの不注意な言動で傷ついたとしても、それで「あの人にはこんなひどいことをされた」などといちいち心の家計簿につけるのをやめることです。その代わりに寛大になりましょう。そして物事を成り行きに任せ、腹を立てないようにします。

この学習の前半に成功したならば、次にすべきことは、あなたが経験することを観察してみることです。あなたの心が他人を批判したり、気に入らないことを記録にとったりするのに忙しくなければ、新しい方法で他人を見ることが自由にできるようになります。他人にオープンになりましょう。彼らとともに苦しみと喜びを経験し、同情心をもった心を通して、あなたのもとを訪れるであろう〝特別な理解〟に気づきましょう。

ステップ4　未来を創り出すための基本

法則14　考えたことが現実になる

ジェリーは大学在学中、「未来に備える」という週末セミナーに参加し、これから二〇年間にしたいと思うことを詳しく書き留めるという作業に取り組みました。参加者はその書き留めた書類を封筒に入れ、封をして実習を終えました。それらの封筒の多くはたぶん、しまわれたままか、なくなってしまったことでしょう。ジェリーもすっかり忘れていたのですが、不思議な偶然で、ほぼ二〇年後のある日にその封筒を見つけました。その「古い書類」を読み終えたとき、彼は自分が人間わざとは思えない正確さで、昔描いた筋書き通りに生活しているのを発見し、びっくりするとともに満足したのでした。

この本当にあった物語は、何を物語っているのでしょうか。ジェリーに予知能力があったのでしょうか。そうかもしれませんが、別の可能性として、ケイシーのリーディングで何度も明言されている意味深い法則の一つ、「心は創り手である」の実例だとも考えられるのです。言い換えれば、あなたはその「心」というすごい力により、自分の未来や、世の中におけるあなたの境遇、さらにはあなたそのものさえも創り出すことができるということなのです。この創造的な力は、神が私たちに与えた非常に特別な贈り物なのです。

心は多芸多才であり、いろいろな面をもっています。さらに心は、魂の領域と物質的な現実世界との橋渡しをしています。

「心は創り手である」という表現は、創造的な過程そのものを要約する霊的な法則の一部として、ケイシーのリーディングではよく目にする言い方です。その霊的な法則とは「霊（スピリット）は命であり、心は創り手で、肉体はその結果である」というものです。この簡単な言葉は、命に関して最も基本的な過程を説明しており、この概念を理解することは、幸せを求めるための強力な道具になるでしょう。

あらゆる命の源であり、本質であるスピリットを、ギリシア人は「プネウマ」と名付けました。ヒンズー教徒は「シャクティ」と、アメリカインディアンのスー族は「ワコンダ」と呼んでいます。西洋の宗教では、よく〝神の力〟として表現されます。ケイシーのリーディングでは、それを〝創造的な力〟と表現しています。呼び方はどうであれ、スピリットは、この世に存在する全てのものの源なのです。

この霊的な力は、三次元の世界にどのように現れてくるのでしょうか。それは心の働きを通して現れます。この霊的な力と心の働きとの関係は、スライドの映写機に例えられます。映写機内の電球は命の源です。スクリーンは物質世界そのものであり、スライドが心を表すのです。透明なフィルム部分が、光源の光を通してパターンや色をつけられ、結果として物質というスクリーン上に像を投影するわけです。

心もスライドと同じように、態度、感情、論理的な分析、直観力などを各人のやり方で織り混ぜて、あるパターンを創り出します。そして、スピリットの純粋なエネルギーを使って、一枚のスライドのように「ソート・フォーム」（想念体）を形作ります。

あなたはもちろん、回転式スライドトレー内のメモリーパターンを蓄えたスライドのように、たくさんの異なった想念体を作り出しています。そうやって一日じゅう何枚ものスライドが記憶の倉庫から選び出され、光源によって生き返らされ、最終的には三次元の物質世界に投影されているわけです。これらの想念体は非常にリアルであり、想念体が「物質的な現実」ではないにしても、そのパターンに従って物質的な世界を形作っていきます。

しかし、ケイシーはリーディングの一つで、想念は物質であり、あなたの手に突き刺さったピンと同じように現実に存在するものであると簡単に述べています。想念体が現実のものであることを正しく理解するには、最初は少し努力がいることでしょう。想念はどこにあり、どのように見えるのでしょうか。想念を理解したり、推測したりできないのであれば、それはどのように現実的なものであり得るのでしょうか。ケイシーとスイスの精神科医カール・ユングは、ともに想念の世界を「第四の次元」、思念の次元と表現しました。

例えば、あなたが今読んでいる本を現実のものにしているのは、何でしょうか。紙の重さ？　インクの色？　これらは表面的なことです。この質問に対するもっと完全な答えは、想念の「現実化」とは、書かれた言葉が心の中で想念に具体化されるということです。さらに魅力的なことは、世界中の様々な地域や年代の人たちと、同じ思想を分かち合うことができることでしょう。想念は、空間や時間に制約されないからです。

夢は私たちに、想念体という創造的な世界を度々垣間見せてくれます。ある女性がケイシーのもとを訪れ、奇妙な夢の解釈を求めました。彼女は両手を前に差し出し、手の平を上に向けている夢を見たのです。両腕にはダイヤモンドのブレスレットが巻かれていました。この夢を見たのは、ちょうど彼女と夫が数ヶ月の間、子供が欲しいと願っていたときのことでした。この夢の解釈は、夢を見たその晩に彼らの努力が報われたというものでした。夢の中のブレスレットは、その女性が腕の中に赤ん坊を抱いてあやしながら感じる喜びを象徴していました。この興味深い物語自体、心の巧妙な機能について説明しています。さらに驚くべきは、数マイルも離れたところに住んでいた彼女のお姉さんが、同じ夜に妹が両腕にダイヤモンドのブレスレットを飾っている姿を夢に見たことです。これこそ制約のない四次元世界の性質により、私たちは他人の想念体にも敏感に影響されることがあるということを示すよい実例となるでしょう。

想念が物質化される時間はどのくらいか

もし、スピリットが命であり、心が創り手で、物質がその結果であるならば、心が四次元的想念体を具体的な物質世界に投影するには、どれくらいの時間がかかるのでしょうか。良い質問ですが、残念ながら答えは簡単ではありません。それは、いろいろな因子によって決まるからです。例えば、一軒の家が現実に存在するには、まず心の中で建てられなければならず、木とか石で建てられる以前に、設計される必要があります。その設計は、建築家の心にある想念からスタートします。そして、いったん四次元の想念体イメージが創られ、その設計が現実の家に移し換えられるには、どれぐらいの時間がかかるでしょう。

まず第一に、その設計の大きさ、複雑さはどの程度でしょうか。丸太小屋なら二、三日で建つでしょうし、城であればもっと長くかかります。二番目に、その計画に必要な労力・エネルギーがどのくらいかということです。建築する人が一日一〇時間働けば、その家は一日五時間働く場合より倍早く完成するでしょう。要するに、「心は創り手である」と「物質はその結果である」との間の時間的な空白は、結局二つの因子、すなわち建てられる規模と、そのための不屈の努力によるということになります。

一貫した粘り強い努力が足りなければ、目的達成はおぼつきません。私たちはたいてい、大きな夢をもつものの、その夢を四次元から三次元に移すことには取り組んでいないといえるでしょう。例えば、一人の高校生が居間の長いすに寝そべって、母親に向かって期末レポートを仕上げるまでに二、三日しかないと嘆いているとします。もちろん、母親に問いただされると、宿題は数週間も前に出されたものだと白状しました。それから彼は、伸びをしながらあくびをし、「なぜだかわからないんだけど、ぐずぐずしてできなかったんだ。僕はやるつもりでいたんだけどさ」と弁解しました。

物事を引き延ばす傾向のある人が、計画を成功させる方法を尋ねた際、ケイシーは、いつも同じようにそっけない忠告を与えました。「雷のように働け」（Work like thunder）と。

思想が孵化《ふか》する過程

スピリットは命、心は創り手、物質は結果である——この公式は創造のプロセスを説明しています。しかしその展開を理解するために、さらに注意深く調べてみましょう。

まず最初に、何か新しい可能性に気づくインスピレーションが湧いてくるでしょう。そして二番目はエネルギーを蓄えるための「抱卵期《ほうらんき》」が来ます。その想念を、滋養や時間を必要とする胚子《はいし》や卵だと考えてみるのです。この抱卵期を経て、想念は物質世界に入り込むために必要とされるエネルギーを蓄積します。最後に機が熟して、インスピレーションが物質化し始めます。それが誕生であり、ある想念の孵化なのです。世界中の多くの神話が、宇宙創造を説明するために、卵のイメージを使っています。エジプト神話では、原始の海から一つの卵が作られ、突然この卵から、太陽神ラーと地上の生命が生み出されました。

世の中には、何年も技術を磨き研究をしていた人が、「ある日突然に成功する」という話がたくさんあります。バリー・ケンプという若い作家は、まるで嵐によってこの町に連れてこられたかのように、突然ハリウッドに引っ越してきました。そして次々とドラマやコメディーを創作し大ヒットを続けました。うわべだけを観察していた人には、「一晩で成功した」人物に映ったでしょうが、現実のバリーは、何年間もの間、毎朝五時にはベッドを抜け出し、誰一人読み手のいないテレビの脚本を二時間も書き続けていたのです。

これこそが孵化の前に起こる抱卵期です。この期間は何もしていないわけではなく、内面的な仕事をし、精神的に積み上げた直接的な結果として訪れる将来のチャンスへ向けて、準備をしていたのです。

メンタル体

重要なことは、心があらゆる想念によって現実を作り上げていることを忘れないことです。宣伝文句に「あなたが食べているものは、あなたそのものである」というのがありましたが、この文句は、私たちが自分の食べたものの結果であることに気づかせてくれます。

食べた物が肉体に同化されるのと全く同じように、考えた全ての想念は、ケイシー・リーディングが「メンタル体」と呼んでいるものの中に同化されます。メンタル体とは、生きている間、一瞬一瞬に選ぶ全ての想念、態度、行動の記憶です。メンタル「体」という概念は、奇妙に感じられるかもしれませんが、ケイシーは、人生が終わったとき、メンタル体があなたの戻る家になるのだと言っています。言い換えれば、この世に生きている間に精神的に築き上げたその体に、あなたは死後、住むということです。こういった概念は、何もケイシー・リーディングに限ったものではありません。

この格言は言い換えれば、よい結果はよい行動から生じるということになります。私たちは一人一人が、自分の想念、態度、行動を通して、「パラダイス」を築き上げる力をもっているということです。

臨死体験

最近ではたいていの人が「臨死体験」という言葉を知っています。何らかの理由で、現代の医療技術をもってしても一度は「死」を宣告されながら、その後奇跡的に生き返った人が非常にたくさんいるのです。研究者たちは、このような体験をした大勢の人に会い、話を聞きました。するとその結果、驚くべきことがわかってきました。それぞれの異なった報告には、共通の主題やイメージがあったのです。例えば、上方から自分の横たわっている肉体を眺めながら、病室で何が起こっているかを冷静に観察していたという報告があります。次いで彼らは向きを変え、トンネルなどを通り抜け、別の空間や領域に移動するのです。通常、その終わりには愛と光の存在との出会いがあります。ときにはその存在が当人に、あなたは戻らなければならないとだけ告げたりもします。

しかし他の場合にはこの存在は、あなたに「この人生で何を行ってきたか」と尋ねます。このような質問を投げかけられてから、臨死体験者たちは、自分たちの全生涯を振り返るパノラマ——あらゆる行動、あらゆる想念、そして他人に対するその行動や想念の影響までの全て——を見せられるのです。

多くの人は、このパノラマが三次元のカラーで、あらゆるシーンが同時に現れると説明しています。このように全体験が保存されているものが私たちの中にあるなら、魂がメンタル体の中で生きているという考え方も理屈に合うのではないでしょうか。

次から次に出てくる想念

「心は創り手である」という法則をまじめに考える際に起こる自然な反応として、不安とか、自分の態度や感情は、本心ではないなどといった神経過敏な懸念があります。

アンナは、この不安が極限にまで達し、ちょっとした悪い想念でさえ、死後の素晴らしい生活に影響があると考えてしまいました。しかしある日、幸運なことに、賢明な老婦人とその不安を分かち合うことができ、この年配の婦人は、アンナの厄介な心を鎮めてくれました。「あなたの心は、一本の木のようなものよ。そして、心に浮かんでくる考えは、小鳥たちなのよ」と彼女は言いました。「小鳥が、木の枝にちょっとの間止まって、そのうち飛んで行ってしまっても大して重要なことではないわ。重要なことは、あなたがどんな鳥に巣を作らせ、そこに家を建てさせるかなのよ」

このように、私たちの現実を創っている想念は、浮かんでもすぐに消えてしまうような想念ではなく、私たちが日々繰り返し栄養を与えている想念だということになります。

自動操縦装備を解除する

私たちの心は、間断なく現実を創り続けていますが、態度とか思考パターンは習慣化してしまっているので、ほとんど自覚されません。いかに頻繁に、昔から馴染んでいてお気に入りのものを作り続け、再構成し続けているかについては、私たちは気づいていないのです。もちろん、心の習慣には望ましいものもありますが、変えた方がよいものもあります。

思考習慣に気づくには、いくつかの方法があります。最初の手がかりは、夢の研究です。しかし眠っている間に見る夢が、思考習慣に気づかせてくれるというのは、矛盾しているとあなたは思われるかもしれません。しかしながら、夢は想念体の世界への冒険なのです。あなたの態度や感情を支えているパターンに、夢の中で向かい合うのです。夢は、四次元レベルで毎日行っていることを、はっきりと気づくように手助けをしてくれるのです。夢の解釈法の基本的な知識をもつことによって、内なる世界をさらに深く知ることができます。

夢を思い出す最善の方法は、夢を研究したいと心から願うことです。強い熱意と願望が媒介になってくれます。そして、帳面や夢日記を、ベッド脇のテーブルに置いておきます。眠りにつく際に「私は起きたとき、見た夢を覚えている」と五、六回つぶやき、目が覚めたら、しばらくベッドに静かに横になったままで、はっきりと思い出せない夢の内容が、心に浮かぶに任せます。たぶん、夢の最後の部分は覚えていますから、「その直前は何をやっていただろうか」と自問自答しながらさかのぼっていけば、段々と思い出すでしょう。次には思い出した夢を、できる限り早く書き留めます。後で書き留めようとしても、詳細な部分は忘れてしまうからです。

思考習慣に気づくためのもう一つの方法は、「自己観察」によって、思考過程を観ることです。ケイシーはこのことを、「自分自身から少し離れて立ち、自分が通り過ぎるのを観察する」と述べています。まず態度や心の内的な対話が心を走り抜けていることに気づき、やがて、どのような状況が特定の感情的な反応を引き起こすのかを認識するようにするのです。強い感情は、その特定の反応のパターンをより強固なものにしていきます。例えば、愛と憎しみという二つの感情はどちらも、創造的な心に特別なエネルギーを与えます。もちろん問題は、あなたがメンタル体を作る際にどの感情を使いたいか、ということになります。

自己観察を通じて、自分が演じるさまざまな「役割」に気づき始めると、日頃、独り言を言う際に口にしている言い回しにも気づき出します。ときには自己観察が屈辱的な経験である場合がありますが、楽しい経験でもあり得るのです。自己観察は常に啓発的な経験を与えてくれるでしょう。心の中で、「あれは出来ない」とか、「おれはなんて馬鹿なんだ」とか、「嫌で嫌でしょうがない」などという言葉を、つぶやき続けていることに気づくかもしれません。こういったことはうれしい新発見ではないかもしれませんが、その代わりに意識的に努力して、「危険を冒さなければ何も得られない」とか、「私は今、本当の進歩をしている」とか、「たとえ何が起ころうとも、私はこのことから、多くを学ぼうとしている」などという新しい言葉を、心に刻み込むこともできるのです。その新しいアファーメーション（確言）は、最初のうちは慣れていないため、わざとらしく感じられるかもしれませんが、心を価値のある新しい方向に向ける第一歩となり、たとえ、その努力がわずかなものに見えたとしても、さらに建設的で成功した未来へとあなたを導いてくれることでしょう。

老子の『道徳経』（六四章）にある「千里の道も一歩から」ということわざを思い出してください。

どんな長旅であっても最初は一歩から始まります。あなたが心で行うことが、目的地を決めるのです。

まとめ

自分の中に築いているものを、さらにはっきりと知る方法は、自己観察を実践することです。ケイシー・リーディングでは、それを「自分自身から少し離れて立ち、自分が通り過ぎるのを観察する」と言っています。観察の焦点を合わせるのは外界ではなく、思考とか感情という内なる世界です。このような自己観察に注意を向け続けるのは容易ではありませんが、たとえ一分でもいいですから日に三度は続けましょう。

たぶん気づくのは、内面的な会話であり、自分の中で続いているメンタルな会話です。その内面的な会話の質はどんなものでしょう。理屈っぽい？　楽天的？　自責的？　希望に満ちている？　それらの思考や感情によって、あなたが創造し続けている未来の種類が識別されるでしょう。

法則15　動機と理想によって変化は始まる

少し時間をとって、将来ありたい状況をはっきりと想像してみましょう。あなたは自らの人生において、どのようなタイプの人間でありたいか。どのように時間を過ごそうとしているか。どこに住み、どこで働くつもりなのか。そのイメージを書き出しても良いでしょう。では、その夢を現実のものにするには、何かを変える必要があるでしょう。外的な状況を変えるとか、あるいは思考や感じ方も、変える必要があるかもしれません。

もっとはっきり言ってしまえば、人生を変えるには、どのようにしたらよいかということです。そういった目的を果たすために、世の中には何十冊もの本が出され、たくさんの講習会が行われているわけです。それぞれが、あなたの人生を変えるための手助けをする秘法があると約束していま す。減量プログラム、禁煙講習会、サブリミナル（潜在意識に印象づけるための）テープなどがありますが、しかし新しい工夫や、特別な技術に頼ったからといって、うまく行くものではありません。むしろ人生は、あなたの価値観、動機、理想によって変わり始めるのです。

事務員として働いていた四〇歳の女性は、手に負えないほどたくさんの問題を抱え込み、ケイシーに、健康・家庭生活・仕事・一般的な幸福についての助言を求めました。

受け取ったリーディングは、まず「心は創り手である」ということを思い起こさせ、もっと建設的な未来を得たいのならスピリチュアル（霊的）な理想をもつ必要があると語っていました。利己的な願望や興味に基づいていると、その心は容易に彼女をだめにしてしまう可能性があり、霊的な理想をもつことの必要性がリーディングでは強調されていました。そして、どのような生涯においても、人間の経験として最も重要なのは、霊的な理想を確立することであると、リーディングでははっきりと断言していました。

これ以上に明確なメッセージはありません。それは、私たち一人一人にも向けられていると言っていいでしょう。何かをより良い方向に変化させる前に、まず正しい目標を立てる必要があるのです。

第五の次元

ケイシーもユングも、メンタル界、すなわち想念の領域について記しています。それはちょうど、時間と空間の限界を超えて広がる「四次元」の領域のようなものです。物質生活の三次元という現実は、四次元の想念体の世界が表れたものです。では、もし想念が物質的な現実のもとになるなら、この四次元の想念の源は何でしょうか。あらゆる想念の源泉である五次元の存在を想像するのも意味があるかもしれません。魂には、六次元・七次元のレベルも考えられますが、ここでは五次元の存在について考えています。魂という目に見えない領域に実在するそのような場所では、意識するしないに関係なく、ある動機や価値観というなんらかの理想があって、「四次元」的な態度や想念が湧いてきます。価値観や動機も理想の一表現です。価値のない考えはありません。というのも、全ての考えは、その陰に内在する理想があるからです。

理想が想念より高い次元に存在しているからといって、必ずしも理想が創造主の精神と調和しているとは限りません。例えば、利己的な動機は利己的な想念を引き起こしますし、私たちの価値観の多くは家庭や社会の産物であり、必ずしもその拠り所が、霊的に高いレベルにあるとは限りません。

長い間心理学者や哲学者は、五次元というこの深遠な領域を研究し続けてきました。ジグムント・フロイドは、患者の精神分析治療を通して、私たちの価値観の全ては、結局のところ、原始的な生物学的衝動に根ざしていると結論づけました。それとは対照的にカール・ユングは、肉体的な欲求は、各自の価値観の多くを形作る一方で、私たちを奮い立たせる霊的な要素を内在させていると主張しました。

有名な神話学者ジョセフ・キャンベルは、人間の動機を四つのカテゴリーに分類しました。「食べたいという欲求」「子孫を残したいという欲求」「征服したいという欲求」、そして最後に「思いやり」があるとしました。最初の二つは明らかに動物的な欲求です。三番目は人間独特のものであり、四番目はスピリチュアル（霊的）な気づきを覚醒させるものです。

さて、ではケイシー・リーディングの哲学ではどのような見方をしているのでしょうか。リーディングでは肉体的、または〝この世的〟な欲望のことは認めながらも、一方で私たちの真の本質はスピリチュアルなものであり、本来の価値観や理想は神と同一のものであるという大胆な見方を示しました。その理想とは、偉大な霊的指導者によって歴史を通じて示されてきた、愛・忍耐・許すこと・やさしさ・人を思いやる気持ちと同じものだとリーディングは言っています。

理想（Ideals）と思想（Ideas）

よく混同されるのですが、「理想」と「思想」は同じものではありません。宗教における霊的な理想にはたくさんの情報源があります。狂信者が「あなたも信じなければならない」とでも言うような強圧的な態度で自分たちの宗教を他の人に押しつける場合、彼らは宗教の理想と人間の思想を混同していると言えます。

理想と思想の違いを理解する一つの方法としては、「思想」――例えばある想念――を物として考えてみるとよいでしょう。物質的な「物」であれば所有することができます。そうすると、あなたの思想も一種の所有物であることになります。他の人を説得してその思想を受け入れさせれば、それだけあなたの思想の価値が増します。さらに多くの人を説得して同意させれば、あなたはその思想からより多くの力や保証を引き出せるわけです。そのため、「改宗するか、死か」が、あらゆる宗教の狂信者のモットーとされ、歴史上全ての宗教戦争のスローガンとなっているのです。

対照的に、「理想」は所有物にはなり得ません。あなたは理想を「所有する」ことは出来ないのです。それだけを考えても、理想は思想とは全く異なったものです。一つの理想をあなたの人生で効果的なものにするためには、自分が理想を所有するのではなく、その理想があなたを所有するのに任せなければならないのです。例えばあなたが、イエスに関して非常に強固な考えをもっていて、その考えを他の人にも広めることに一所懸命だったとします。しかし、許すことや忍耐という理想が、あなたの思考・感じ方・行動に直接影響を及ぼすようにならないうちは、この理想を受け取ってはいないことになります。自分をある理想に捧げることによって、初めてその理想はあなたを変えるのです。

動機は何か?

二人の男が、ホームレス用の「保護施設」を造るというやり甲斐のある建築プロジェクトに対して寄付するよう依頼されました。男の一人は金持ちだったので、一〇〇〇ドルの寄付をしました。彼は寄付をすることで、税金の控除を期待していたのです。彼は自分の名前が大口寄付者として掲載されることを知ると、すぐに寄付することを決めたのでした。もう一人は中間程度の収入がある男でしたが、払える範囲で寄付をしました(一〇〇〇ドルよりずっと少ない額でした)。彼はホームレスたちの苦労を見て、その苦しみに同情していたので、寄付することを決めたのでした。

この二人の男は、お金を寄付するという意味では同じ考えをもち、結果的には同じように奉仕をしましたが、彼らの動機は全く違っています。

確かに、親切という考えや行為は、幸せな未来を作り出すための重要な要素ですが、これらの行動へと駆り立てる動機もまた重要なのです。心は、価値観や動機という本質的なものによって創造作業を行います。私たちの理想が、まさに材料であり、建築資材となるのです。態度や感情が、その「材料」を使って未来を構築していきます。同様にその建築プランは、新しい建物の形や大きさだけではなく、硬いコンクリートを使うか、不安定な粘土を使うかなども指定します。私たちは、貪欲や利己心に基づいて内的な生活を築くこともできるし、思いやりや共感によって築くこともできるのです。つまり、何かを行う「理由」は、「何を」行うかと全く同じように重要なのです。

逆に言えば、人々は、表現の仕方が全く異なっていたとしても、同じ理想を共有することができるのです。例えばアメリカの二大政党が、同じように平和と幸福を求めるのもその一例と言えましょう。このようにあらゆる政治討論は、その目標を達成するために、それぞれで異なった意見を具体的に説明し合います。また価値観の表し方については意見の相違をもっていますが、理想に対する愛情という面では同じなので、それによって結び付くことも可能です。ケイシーは、強い意志をもった、頼もしい信奉者に取り囲まれていましたが、このグループの一人一人が、ある課題の達成の仕方については異なった考えをもつ場合がたびたびありました。このようなときに与えられたリーディングは、彼らが共通の理想を共有している限り、様々な考えをもつのは好ましいことだと述べました。

建設的な変化のために、霊的な理想とつながるには

誰にでも、自己存在の中心には霊的な理想が住みついています。この核となる理想は誰もが同じなのですが、それを定義するとなると非常に個人的な様相を帯びてきます。その理想とは、神の本質そのものに共鳴する意識状態であり、一人一人が創造主が発する「火花」である以上、神の衝動や動機を分かち合っていることになります。でも、この霊的な理想を完全に定義することは出来ません。どんな言葉も、フレーズも、霊的な理想を完全にはっきりと表現することは出来ないのです。しかし、自分独自のやり方で霊的理想を定義し、個人的に意味のある言葉を選ぶことはできます。そして、この理想を心の中に明確にもち続けるならば、人生のあらゆる分野において、私たちを建設的に変える手助けをしてくれるでしょう。

この最高の霊的価値観を表す言葉やフレーズを決める際に役立つ有効な方法は、少なくとも二つあります。

一つは、心から尊敬し崇敬《すうけい》する人々を思い浮かべることです。確かに大宗教家たちもその候補者となり得るでしょうが、自分個人にとって模範となる人物なら、同じように役に立ちます。彼らの内にあるもので、あなたに賞賛の気持ちを呼び起こさせるのは何かを自問してみてください。あなたに特別な気持ちを起こさせるような人たちがもつ価値観や性格的な特徴はいったい何でしょうか。あなたが挙げたその特徴は、あなたが霊的な理想の表現の中に入れたいと思っている性質というこ

とになります。

あなたの理想を表現する言葉を見つけるもう一つの方法は、あなたのこれまでの人生において、「気持ちが高揚した」瞬間を思い出してみることです。人生において最高と感じられた瞬間は、霊的な理想について、手がかりを与えてくれるはずです。このような素晴らしい出来事は、祈りや瞑想中に起こる場合もありますし、より高い次元の世界を垣間見させてくれる夢によってもたらされることもあります。あるいは自然の中にいたり、非常にやさしい気持ちのときに、突然インスピレーションが湧くようにして、理想を表す言葉があなたに訪れるかもしれません。たぶん最高の経験は、あなたが愛情に満ちた無私の心で行動したときに起こるでしょう。

過去に経験した特別な瞬間を蘇らせ、それらの経験があなたに与えた衝撃を感じてみましょう。そしてそれらの感じ、内的な経験を表現するのに最もふさわしい言葉やフレーズを考えてみましょう。こうして書き留めた言葉は、霊的な理想に対して、あなたなりに最高に理解していることを表しているはずです。

精神的な理想と物質的・肉体的な理想を設定する

普遍的な霊的理想として自分のために選んだ言葉は、一種のシンボルであるとも言えます。シンボルは、それがどのようなものであっても、意識的に理解できる以上の意味を含んでいるものです。それは、あなたの心の深いレベルにまで到達している内容のほんのわずかな部分を表しており、氷山の一角だけが海面に姿を見せているようなものです。しかし、想念や行動を形作る力をもっているのは、実はその隠れた部分なのです。

次の話はこの点を説明しています。一九六〇年代の半ば、高校生だったある少年が、同世代のフォークトリオ、ピーター・ポール・アンド・マリー（PPM）に強く引かれ、そのグループに、彼の霊的理想のシンボルを見出しました。このシンボルによる彼の最初の体験は、純粋に感覚レベルのもので、彼らの音楽が、奇妙な力強い磁力をもっているように感じられるというものでしたが、その磁力は彼を内側から揺り動かしました。「正義・自由の鐘を鳴らす」こと、「私たち全てが兄弟姉妹であるようにお互いに愛し合う」こと、「調和がとれ、愛情に満ちた正義」などのPPMの歌詞の中の言葉が、彼自身の魂の核となる価値観を象徴的に表していました。

それらの言葉は、もともと深いところにあったものの音楽によって呼び覚まされた感情と結びつき、この少年の倫理観を形作りました。こうして、彼は正直・平等・思いやり・希望・勇気などを大切にする人物へと成長していったのです。これらの態度や感情は彼の「精神的な理想」となり、彼の霊的な理想を表す道となりました。同様にこれらの価値観は、彼の活動の方向づけにも役立ち、現実に彼は、ギターやコーラスなどの芸術的な訓練を受ける気持ちになりました。さらにこれらの価値観は、読む本の選択から友人の選び方、日常の様々な決定事項に至るまで、彼を導いていきました。

理想を試してみる

私たちが新しい動機や理想に従って自分の生き方を変えようとするとき、いったいどんなことが起こるでしょうか。ケイシー・リーディングに精通している八五人の人々が、三週間の計画でそれを実験してみました。彼らは自宅にいて、決められた手順にのっとり、価値や理想について意識的に考え、有効性を試すという実験に参加したのです。

やがて全ての課題が完了しましたが、彼らが抱えていた問題で最も多かった事例は、難しい人間関係や習慣性の行動についてのものでした。各参加者は、新しい動機や理想のリストの中から一つの中心的な問題を選び、それについて変化を起こさせたいと強く望みました。そうやっているうち、彼らは「まさに機は熟した」という共通認識に到達しました。以後何日間か、各人は、自分たちの特別な問題領域に当てはまる価値観や動機、理想について念入りに考察しました。日記をつけるという課題がありましたが、それは意図を明確な言葉にするための一つの方法でした。そうやって意識化する方法を用いることで、その理想は気まぐれ以上の本当の現実になっていきました。

参加者たちは三週目の終わりに、実験についての報告書を提出しました。結果は、目的を達成した人もいましたが、それ以外の人は問題が根深く、よい結果を得るにはさらに数ヶ月の努力が必要でした。しかし一方で、非常に面白い発見がありました。それは次のようなことでした。

三週間の実験期間の終わりに、選択式の質問票の書き込みテストが行われました。心理学者のJ・

B・ロッターが開発したこの質問票は、いわゆる〝人生を方向づける要素〟を評価するものでした。自分の人生をコントロールしている力が、外部から来ているか、内側から発生するかを評価するのです。ところが三週間で、このグループは重要な変化を示したのです。彼らが成長し、感情や直観力が自覚されるのに伴って、人生を方向づける力は「自分自身の内にある」という方向に変わっていったのです。

ケイシー・リーディングでは、価値観・動機・理想をもって働くことは、個人を成長させるのに基本的な要素となると述べています。それはあなたを変化へと導く一連のステップの最も効果的な入り口になるでしょう。しかし、前向きな未来を創造する近道というものは存在しません。しかし理想に対して慎重な注意を払っておくことが、私たちが魂の力に接触出来るようにしてくれるのです。

まとめ

この法則の焦点は、前向きな未来を築くために、到達可能で短期間に実行できる行動目標（物質的・肉体的な理想）を設定することです。しかし、まずは霊的な理想を自分の言葉で表現し、それを決定する時間をとりましょう。それは人生に意味を与える中心的な価値観となります。次に、変えたいと願っているあなたの人生の一分野を取り出しましょう。さらに、適用可能な精神的理想と物質的・肉体的理想を決定します。例えばその分野はダイエットであったり、人間関係や職場環境におけるテーマかもしれません。その特定の分野に関係した物質的・肉体的な理想の短いリストを作り、これを参考にします。

一、精神的な理想は、物質的・肉体的な理想をも示します。例えば、職場において「熱心さ」という理想的な態度をとることは、「三〇分早く出社する」という形で、理想的な行動を起こさせるかもしれないのです。

二、行動目標は〝到達可能〟でなければなりません。例えば、一週間ぐらいで成功させることができるような、ゆとりのあるものにしましょう。それが達成できれば、次に生活環境において、さらにやり甲斐のある物質的・肉体的な理想に挑戦したいと思うかもしれません。そうできるよう、まずはたやすく達成できる小さなステップから始めることです。

法則16　全ては一つ、あらゆるものがつながっている

あの一九六〇年代のフラワー・チルドレンが登場するような映画では「全ては一つである」という表現が使われましたが、日々の厳しい現実生活は多種多様でばらばらであり、とても統一体であるとは言えないかもしれません。では、「ワンネス」(一つであること)の概念が真実であることは、どのようにしたら示せるのでしょうか。

ケイシーの友人であり支援者でもあったモートン・ブルメンタール氏も、この問題に直面し、悩みました。彼は知的で好奇心が強く、野心的な株式仲買人であり、株式市場で成功を収めていました。一九二〇年代の中頃、モートンと弟のエドウィンは、ケイシーの才能に興味をそそられ、結局ケイシーの終生の夢であった病院にも融資することになりました。続く七年間に、モートンはケイシーから四六八件のサイキック(心霊的な)・リーディングを受けましたが、これは他の誰よりも数多くのリーディングを受けたことになります。

彼はこのリーディングで、スピリチュアル(霊的)な法則に従って働いている宇宙の巨大な全体像をつかもうと試みました。そのような霊的な法則についてリーディングを受けていた一九二九年三月、モートンはケイシーに、新しく関心をもった人たちに対してどのように真実を伝えたらよいか、という質問をしました。トランス状態のケイシーは、最初の六ヶ月間の課題はワンネスにすべ

きであり、それは神のワンネス、人間関係のワンネス、力のワンネス、時間のワンネス、目的のワンネス、あらゆる努力におけるワンネスだと強調しました。

これは迫力のある訓戒であり、また六ヶ月といえば相当な期間ですが、ケイシーが言うところのワンネスは単に「全ては一つ」と言い切っておしまいというわけにはいかない内容を含んでいます。実際、ケイシーの資料を丹念に調べると、この広大な宇宙をたった一つの壮大な模様に織り上げている黄金の糸を次々と見つけることができるのです。

あらゆる力のワンネス

このワンネスの法則を、どのようにしたら最もうまく使うことが出来るのでしょうか。まず、ワンネスについて、他の考え方をしてみましょう。例えば、もし私たちが、宇宙にはただ一つの力しかないと信じるならば、そのときは星から蜘蛛《くも》まで、存在するあらゆるものはこの一つの創造のエネルギー、すなわち生命力の現れということになります。

カール・セーガンは、『コスモス』という本の中で、樫の木と並んで写真に写っており、その説明文には「近い親類――樫の木と人間」と書かれています。確かに木も人間も、さらに言えばあらゆるタイプの有機生物は、本質的に同じ炭素、水素、酸素原子から出来ています。そして核物理学者たちが原子を構成する粒子について、さらに徹底的に調べていったところ、物質宇宙のさまざまな原子や分子やその混合物はたった一つの神秘的な原料から生じたものだということが、ますます明らかになってきました。

実は、宇宙の完全に統一的な仕組みを表す唯一の基本的公式を見出すために一生を捧げたのが、かのアインシュタインでした。科学者たちは、いまだにその努力を続けています。

時間のワンネス

ワンネスを考察する際に最も興味をそそられるのは、時間の概念に関するものでしょう。私たちは時間を、まるで一方通行の道路のように考えてきましたが、これは本当に最高のモデルなのでしょうか。ニューエイジの教えの多くにおいては、時間というものは本当は存在せず、私たちの限られた認識によって作り出された錯覚に過ぎないと主張されています。しかし、ケイシー・リーディングでは過去、現在、未来は全て関連していると考えるように勧めています。この考えは知性でとらえれば難しく感じられるかもしれませんが、あなたはたぶん、時間の統一性を示すような経験をしたことがあるはずなのです。例えば、後になって現実のものとなった正夢を見たことがあるでしょう。このような「予知夢」は「時間のワンネス」(過去、現在、未来は一つ)を例証しています。

ある婦人はあるとき、三つ揃いのスーツを着た日本人男性たちのいる会社のエレベーターを昇ったり降りたりする夢を見ました。彼女は目が覚めるとすぐにこの夢を書き留め、そのあと数週間その夢の意味について考え続けましたが、そのときにはわかりませんでした。しかし二年後になって、国際貿易ショウとイベントのために東京に来ている自分に気づき、突然あの古い夢が心に浮かんできました。彼女は大きなホテルの自分の部屋を出て、ディナーのためにレストランに向かっていました。そのとき突然、彼女はこの数日間、自分が三つ揃いのスーツを着た日本人男性たちの会社にあるエレベーターを昇ったり降りたりしていたことに気づいて、ショックを受けたのです。時間のワンネスによって、彼女は実際に起こる二年前にその状況を経験していたのです。

アインシュタインもこの話題に関しては、はっきりした見解をもっていたといわれています。彼の親友の一人ミッシェル・ベッソが一九五五年に亡くなったとき、アインシュタインはベッソの妹と息子に宛ててお悔やみの手紙を出しました。それはアインシュタイン自身が亡くなるちょうど四週間前のことでした。その手紙にアインシュタインは「彼はこの度、この奇妙な世の中から、私よりほんの少しだけ早めに出発しました。それは大して意味のあることではありません。物理に信頼を置いている我々のような人間は、過去と現在と未来の相違が、単に頑固に信じられている錯覚に過ぎないことを知っています」と書いています。

宇宙は時々私たちに、時間の統一性について異なった種類のレッスンを与えてくれています。その一例にシンクロニシティ（共時性）があります。これは意図して起こしたつもりはないのに、相互に関連性のある出来事が同時に起こる現象を表すために、カール・ユングが用いた言葉です。

空間のワンネス

空間のワンネスが実在することを示す最もはっきりした証拠は、ケイシー自身が行った透視でしょう。長年にわたってケイシーは日に二回、自分自身を眠りに似た「意識の変性状態」に置き、数百マイルも離れた人々の情報を受け取ることを行っていました。多くは、個人の健康に関する情報でしたが、いつもケイシーの目は閉じられたままで、その人物が近くにいないときでも、非常に詳細にその健康状態を言い表すことができたのです。

ときおりケイシーはリーディングを始めながら、その人物の周囲の状況、服装、行動などを説明する場合がありました。「壁に素晴らしい絵がかかっている」「派手な赤いパジャマを着ている」などと言いましたが、そこで言われたことは後日事実だったことが確認されました。またあるときには、別の都市に住んでいる人物が今まさに家の玄関から出て行こうとしているのに対し、ケイシーが「ここに戻って座ってくれ」と叫んだこともありました。なぜならケイシーは、空間のワンネスが重要視される認識レベルからこれら全てのことを経験しているため、あたかもこの男と全く同じ部屋にいるかのように知覚し、思わず話しかけてしまったのです。

神と人間のワンネス

ワンネスの概念はその根源において、神が人類と一体化されており、人類それ自身も一つであると主張します。エネルギー、時間、空間のワンネスという理解しにくい論争の後では、この考えは受け入れやすいものかもしれませんが、実はこの考えこそは、ワンネスの中でも最も困難な見解でもあります。昔から長年続けられてきた議論において、次のような問題が提起されています。すなわち、神は「彼方《かなた》」におられ、遠くのどこかに存在され、離れた（超越的な）存在であるのか、あるいは神は「ここ」におられ、私たちの内部、あらゆる創造物に内在する存在なのか、という問題です。ワンネスの法則では、この議論では「内在する」という方の立場をとっていますが、多くの人にとってはそうではないでしょう。

最初につまずく障害は、私たちが敵をどのように見るかという点に関係しています。もし「神は私たちの内にある」と主張するならば、今現在の敵が誰であろうとも、神はその敵の内部にも同じように存在すると結論せざるを得ません。もし特定の個人や人類全体を受け入れられないなら、「神があらゆる人類と一つである」と信ずるのは困難になります。

個体性と独自性（ユニークさ）について

個性は両刃の剣です。私たちは自由で独立していたいと望む一方で、もう一つの側面ももっています。つまり個性は孤立に変わり、孤立は孤独をもたらす可能性があるということです。また恐れを感じたり気落ちしたときには、自然に他人からの助けを求める気持ちになります。孤独を感じているときに、自分と外界を結び付けている目に見えないワンネスを認めることは難しいでしょう。そこで当然のことながら、私たちは社会との〝現実的・具体的〟なつながりを求めることになります。

ある五歳の少女が、ベッドにもぐり込んですぐ、母親を大声で呼びました。母親が急いでやってきたところ、少女は弟との親しい関係を失ってしまったと言いました。この弟と彼女はいつもその部屋を一緒に使っていましたが、その日、弟は泊まりがけで祖父母の所に行っていました。この少女は暗い部屋の中で一人にされ、怯えていたのです。母親は安心させようと「ねえ、恐れることなんて全然ないのよ。あなたは、あなたを愛し守ってくれている天使に囲まれていることを知ってるでしょ。さあ、天使があなたのそばにいてあなたを安全に守ってくれるのがわかったら、今度は眠ることを考えましょうよ」と話しかけました。しかし、「嫌よ、髪の毛や皮膚をちゃんとつけているものが欲しいの」と小さな少女は言い張りました。

他人との具体的なつながりをもちたいというこの種の願望は、あらゆる年齢層に及ぶもので、子供も大人も同じように、個性の自由について、一体感という結びつきでそのバランスをとりたいと願っているのです。

ケイシー・リーディングではこの〝個体性と独自性の論争〟について、私たちの魂は神と再結合するよう運命付けられており、そうすることによって霊的に成長をしながら、自分を自分として認識することができると言っています。すなわち、一個の自分を完全に自覚しながらも、同時に自分は全体とともにある一滴だということも認識可能だということです。全体「そのもの」ではなく、「その全体とともにある」一滴ということです。

個体性と独自性が同時に存在するというのも矛盾した話のように思われるかもしれませんが、音楽の和音という組成を考えてみれば、この概念はさらによく理解できるでしょう。三つの音が調和して溶け合ったとき、一つの新しい全体としての和音を作り出します。その際、音は本来の個性を失っておらず、さらにその音が単独の音で奏でられるときよりも、はるかに素晴らしい音に変わっています。この状態は、私たちが霊的な悟りに到達した際にもつであろう経験に似ています。

あなたの未来を創造する四つの方法

ワンネスの法則は、未来を形作る方法とどのように関係するのでしょうか。「統一体」という概念は魅力あるものですし、あなたの心にさらに大きな平和をもたらす助けにさえなってくれるはずです。しかし、さらに明るく満足いく未来を創造していくには、この考えを実際にどうやって使えばよいのでしょう。そこでワンネスの観点から、変化を起こすことができる四つの方法を挙げてみますので、それを使ってあなた自身の運命を創造的に築いてみてはどうでしょう。

○第一に、時間のワンネスを知れば、明るい未来を築くのに必要な資源は「今日」すでに手元にあることを理解できるでしょう。実際には、人生で欲しいと思っているものが何も手に入っていないかもしれませんが、手に入るよう、始める方法はあります。あのカラシ種のたとえ話を思い出してみればいいのです。その種は本当に小さいものですが、時がたてば草の中でも最も大きなものに成長するのです。あなたの手元にあるものを使って最善を尽くしてみましょう。宇宙の法則によれば、行った以上のものを与えられると約束されているのです。

○二番目に、世界に存在する力はたった一つしかないことを自覚できれば、未来を心配するために使っているそのエネルギーを、さらに創造的建設的な方法に使えるものだということが認められるでしょう。次の心配性の重役の話を考えてみてください。

ある日、秘書は、重役がいらいらしながら部屋のあちこちを行ったり来たりしているのに出会いました。彼女がどうしたのですかと尋ねると、「石油株が急落しているんだ」と大声をあげました。秘書が当惑して、「重役は石油株をおもちではないはずですが」と意見を述べたところ、「いや、もし石油株をもっていたらどんなに大変かということだ」と怒りました。

一つしかない普遍的なエネルギーをどう使うかはあなた次第です。そのエネルギーについて心配したり、後悔して浪費したりしていませんか。そうではなく肉体的、精神的、霊的なエネルギーを、建設的な可能性のために利用しましょう。

○三番目の、人類のワンネスを認められれば、自分を助ける最善の方法が他人を助けることであることを見出せます。エドガー・ケイシーは、心配事が多かったり困難のつきまとう人々に対して、同じアドバイスを繰り返し与えていました。「あなたより少し不幸な人たちを見つけて、その人たちに何か援助の手を差し伸べなさい」と。このアドバイスは単に謙虚さや心のやさしさの訓練であるのみならず、ケイシーは、その個人が霊的な法則に従って行動する際の手助けをしていたのです。

イエスも同じ教えを残しています。「与えなさい。そうすれば、あなたがたも与えられる。……あなたがたが量るその秤で、あなたがたも量り返されるからである」（ルカ六・三八）

○四番目は、宇宙とあなたとのワンネスを感ずることです。そうすれば、人生の現状がどんなに控えめなものであろうとも、人生ドラマには常に偉大なチャンス、挑戦の瞬間があることに気づくはずです。ときには、ほんのわずかな特権階級の人だけが、人間の可能性を十分に経験する機会をもつのだと考えたくもなりますが、それは真実ではありません。王様も浮浪者も夜には同じ規模の夢を見ます。恐れも希望も同じように強く、人生という悲喜劇的な野外劇には小さな役などないのです。

現代科学の一例が、どんな小さな部分でも全体のあらゆる豊かさと複雑さを含むことを例証しています。ホログラフィーと呼ばれる写真技術は、三次元の立体映像を創り出すために写真感光板を通り抜けるレーザーを使用します。もしあなたもこれまでにホログラフィックな映像を見たことがあれば、それがどんなに素晴らしいものかわかるでしょう。さらに仰天するのは、もしこの感光板を断片に切ったとしても、それぞれの断片が同じように完全な三次元の立体像を投影できるという事実です。同じようにあなたは、宇宙にある小宇宙なのです。その喜び、悲しみ、希望、挑戦、実績は、宇宙で起こっているあらゆるものの小規模なレプリカなのです。

まとめ

まずあなたの人生を、愛情をもって、ていねいに観察してみましょう。次いでワンネスの法則を使って、人生の状態を変容させるために特別な努力をします。最初は、人生をワンネスの観点からもっと度々観察することから始めます。どんなに立派であろうが粗末であろうが、あなたの生活状態には、人類の旅路の偉大なテーマ――例えば、意味の探求、愛の追求、自由と絆という相反する内的な要求などのミニチュア版――が、どのように含まれているかを考えるのです。あなたの小宇宙的な生活状態が、大宇宙のレプリカであるという観点でワンネスの法則を見てみましょう。

次いで、この新鮮で真価を問うことのできる、一体性という観点を使って、これまで以上に意識して、この概念を応用します。エネルギーを浪費している態度や感情を探し出すとか、その同じエネルギーにもっと新しいプラスになる表現の場を与えるようにします。両方のエネルギーは同じものであり、人生に使われるのは一つのエネルギー源であることを忘れないことが大切です。

また、あなたをいらいらさせ、頭に来る人物を選び出し、その人との人間関係の質を変えるようにします。始めるのに良い方法は、類似点であるとか、共通の絆だと思えるその人物の側面と自分を関連させるようにすることです。

法則17　今より大きな目的のために生きる

「それは私には関係ない」という言葉が、現代社会の至る所で聞かれます。あなたが目にするあらゆるところで、こうした考え方が働いています。テレビコマーシャルは私たちに「ナンバーワンを目指せ」とたきつけ、「あなたはそれをもつに値する」という理由で、特定のある製品を購入するように勧めます。個人的な向上のための奪い合いとそれが生み出す不安が、昼夜を問わず絶えず繰り広げられています。彼らの戦いに対する叫びは、「人にやられる前に、人を出し抜け！」という風になっているかのようです。しかし、これは私たち本来の性質なのでしょうか。私たちは本当に「適者生存」という自然法則でのみ動く猛獣のような存在なのでしょうか。

ある男性が、自分の考えに大きな影響を与えた子供時代の記憶を語っています。彼はアメリカにある伝統的な小さな町で、新聞配達をして小遣い銭を稼いでいました(それは六〇年代の初めにはよく行われていることでした)。ある一〇月の夕刻、少年は集金をして回っていました。そして自宅から数軒離れた近所の家のドアをノックしました。すると、そこに住んでいる女性が、涙を浮かべてドアのところまでやってきて、ちょうどそのときに、成人した子供の一人が急死したことを打ち明けたといいます。しかし一二歳そこそこだったその少年は、何を言い、何をしたら良いのか見当もつきませんでした。家に帰ると、台所で忙しく働いている母親を見つけ、起こった出来事を話しました。その知らせを聞くや否や、母親は即座に仕事を中断し、コートをはおると、隣人を慰めるために急いで出かけていったのでした。「あら大変、彼女を元気づけなければ。でも一体どんな言葉をかけたらいいのかしら」なんてことは一言も言いませんでした。彼女はただ隣人の元へ飛んで行ったのです。

この物語は、「女性が夕方、全てを中断して隣人を助けるために走った！」などという夕刊の記事には決してならないでしょうが、何も行動を起こせなかったこの少年にとっては、人間の思いやりと無私無欲であるとはどんなことかを教えてくれる、非常に印象的な出来事となったのでした。

人間の二面性

宗教と哲学は、長年の間、人間の相反する二つの性質をはっきりさせようとしてきました。それは利己的な「ミー・ファースト」（自分第一主義）の性質と、〝自分自身の安全より他人を気遣って大切に考える〟性質についてです。

例えば、古代ローマの多神教の神殿には、二つの顔をもった神ヤヌスが祭られていました。それは頭の前と後ろに顔をもっています。お釈迦様が悟りを開いたときの物語においてさえ、〝自己愛からの恐れ〟と〝欲望〟という二つの悪魔に打ち勝つことに中心が置かれています。イエス・キリストは愛に一身を捧げ、自分自身の命を救いたいという欲求に打ち勝つことによって世界を制覇しました。この同じイエスが、弟子たちに「誰も二人の主人に任えることは出来ない」（マタイ六・二四）と言っています。

エドガー・ケイシーの透視的なリーディングの中の設定は、非現実的に見えるかもしれませんが、自己中心的であることと、もっと大きな目的のために生きることとの間の戦いを鮮やかに描いています。ケイシーは、私たちを失われた大陸アトランティスへと連れて行きます。先史時代の霧に閉ざされている古代文明は、ほとんど超人的といってもよいような高い文明をもち、二つの反対勢力に分かれていたとケイシーは説明しています。

一つの勢力はベリアルの息子たちであり、他方は「一者の法則（the Law of One）」の子供たちでした。これら二つのグループは、基本的な生き方において意見が合いませんでした。ベリアルの息子たちは、人生に自己拡大や放縦以外の目的を見出せなかったのですが、それとは対照的に、「一者の法則」の子供たちは人生を、他人にも気を配り、愛情に満ちた状態に達するための一つの機会であると見なしました。このグループの争いの中心は、愚鈍な意識状態にあった第三の階級の存在でした。彼らは、肉体の中に無意識状態のままに閉じ込められていた劣った魂たちでした。ベリアルの息子たちは、この鈍く傷つきやすい劣った状態の存在をそのままにしておき、自分たちの奴隷として使いたかったのです。それに対して「一者の法則」の息子たちは、この閉じ込められた魂たちの状態を高め、その能力いっぱいまでもち上げ、彼らを本来あるべき状態に救い出したいと願ったのでした。

この鮮烈な神話でケイシーは、今日私たちが、個人としても人間としても直面している基本的な問題を提起しています。つまり、他人を自分の利益のために利用し、自分たちのためだけに生きていてよいのか、それとも、他人や私たち以上の〝何か〟に心を配って生きるべきなのかということです。

最初の選択は、少なくとも一時的にはより大きな快適さと便利さを与えてくれるでしょう。それに対し、二番目の選択は、他人の負担を自分が引き受けるというはっきりとした「不自由さ」を必要とします。それでも、ケイシー・リーディング、古代の神話、世界的な大宗教は全て、二番目の選択こそが人々を幸福に導くのだと言っているのです。

両刃の剣

人生を何気なく観察していても、人は全ての人を喜ばすことはできません。いかなる行動も、誰一人として不快な気持ちにさせずに行えるかとなると、それは不可能でしょう。例えばあなたが、きれいな環境を取り戻すために、公害を引き起こしている化学プラント閉鎖に努力しているとしましょう。しかしその結果、あなたは多くの正直で勤勉な家庭の仕事と生計を奪う一因となってしまいます。

数年前ある女性が、ビッグ・サーとして知られる美しい北カルフォルニア地域を旅していました。旅で立ち寄った場所で、有名な写真家、環境保護論者のアンセル・アダムスの住んでいる所を知っているかどうか、地元の人に尋ねてみました。彼はこの地域を工業化から守るため非常に活発に運動していたのです。しかし、この旅行者は、そこで建設的な行動のパラドックス（逆説）を学ぶことになってしまいました。地元の住民はアダムスはヒーローではなく、単なるお節介やきだと言ったのです。そして地域の人々とその経済に、脅威を与えたとさえ言うのです。

彼らには、未来の世代の環境にどのような影響があろうと関心はありませんでした。ただ仕事と工場が欲しかったわけです。

今日始めなさい、そして実践しなさい

今よりも、大きい目的のために生きることです。さあ、あなたは何ができるでしょうか。達成すべき何か大きな仕事があるでしょうか。高い目的や理想を実行・実現するための完全な機会を与えてくれる特定のグループや組織があるでしょうか。答えは、イエスとノーの両方があるでしょう。偉大な仕事――肉体的、精神的、霊的に人間の状態を向上させる仕事――に対する役割を感じることは重要なことです。その仕事がいかなる個人よりも、生涯よりも、歴史よりも、偉大であると認めることは重要であり、役に立つでしょう。あなたの目的を過去や未来に広げていくことは、以前に去っていった人や、これから来る人とつながっていくことになります。ときには、自分が大きくて重要な何かの一部であることに気づき、畏怖の念さえ感じるかもしれません。

しかし同時に、その目的に向かって生きるということは、毎日毎日、一刻一刻の経験であると考えましょう。そして、偉大な仕事とは、日々行われる小さなことの積み重ねによって達成されると

いうことです。例えば悲嘆にくれている隣人に、支援と慰めを与えるためにドアまで駆け出して行くといったことでいいのです。子供に難しい数学の問題を理解させるには時間がかかりますが、親切にすることを覚えさせるのは一瞬のことです。そのように思いやりをもってあなたの世界に答え、状況に応じて行動することです。

まとめ

何か楽しいことを始めるとともに、個人的な利益は何もないこと――ほんの小さなことでもいいのです――を今日から始めてみましょう。この行為はあなたに、直接的には財政上の報酬も、注目も、賞賛も、たぶん感謝の言葉さえももたらさないかもしれません。しかしこの努力は、ほかの個人、グループ、動物や環境など、あなたの知らない誰か、あるいは何かに利益をもたらしているのです。この小さな行動をすることによって起こるあなたの内的な反応を書き留めてみましょう。例えば、この過程で、抵抗や恐れに出会ったかどうか、といったようなことです。

たとえそれがほんの小さな努力であっても、このような行動が最終的に、あなたがより大きなものとつながっているという意識を生み出すことを確認してみましょう。

法則18　真実とは成長を促すものである

真実に直面するときの不快感

エドガー・ケイシーのリーディングでは度々、真実を「成長していくもの」と定義しています。このどちらかというと〝詩的〟な定義を説明するには二つの方法があります。

一つ目は、真実そのものが永遠に変化するというものです。今日の真実は昨日の真実とは異なるのです。同じように、明日の真実も今日の真実とは異なることでしょう。不幸なことにこの種の相対主義は、詭弁になってしまいます。ソフィスト（詭弁家）とは、あらゆる真実は、その中に物の価値も含みますが、相対的なものであるがゆえに無意味なものであると論じた古代ギリシアの哲学者たちのことを指します。彼らにとっては、真実や価値を探求することさえも無意味でした。でも明らかにこの姿勢は、ケイシーが意図したものではありません。というのも、この説明で行くと、私たちが変わり、成長するにつれて、ある真実は他の真実よりもさらに適切なものになっていくことになりますが、ケイシーは、真実は「常に同じである」と主張し続けました。

二番目の説明は、真実は成長を生み出すことを理由に、真実とは成長を促すものであると認めることです。たとえれば芝にやる肥料は「成長を促すもの」といえますが、肥料そのものは成長しません。肥料は成長を促すだけのものです。ケイシー哲学では、この二番目の説明に焦点を合わせ、真実とは成長への欲求を素晴らしく鼓舞するものであり、ときには真実が人を不安にさせる場合があったとしても、結果的にはそれぞれの魂をその運命の実現へと向かわせるものだとされています。しかし、確かにそのように能力いっぱいに変化し成長できることもありますが、古い方法は容易には捨てられないものです。真実が新しい見解や行動を必要としたとしても、古いものがそれを受け入れることに抵抗するのです。

真実には不快がつきものであるにもかかわらず、私たちの内にある何かが真実を求め、その価値を認めます。例えば、あなたの最も深いところにある友情について考えてみましょう。友情においては、真実と正直が自由に流れるのではないでしょうか。親友どうしとは、どちらかが不快感を感じるようなことであっても、真実を話すことができる間柄ではないでしょうか。密接な関係における関わり合いは、お互いの成長にとってためになり、たとえ真実が誰かを傷つけるものであったとしても、愛情に満ちた支えとして真実が認められることになるでしょう。

どのようにしたら真実を認識することができるか

多くの戦争が、真実の名のもとに戦われました。例えば、一八世紀の宗教戦争のさなかに、ユダヤ人の哲学者であるベネディクト・スピノザが大胆にも、神の真実は本の中に見出されるのではなく人間の心や精神の中に見出されるのだと断言したところ、そんな考え方は、裏切り者のユダヤ人と悪魔によって地獄において捏造されたものだとして非難されてしまいました。真理に対する正気を失った戦争の例として、ベイルートでキリスト教徒、イスラム教徒、ユダヤ教徒が、それぞれ同じ神の名のもとに、お互いを殺し合ったこともありました。そのような不協和音に満ちた世界に、ケイシーがリーディングで述べた、「あなたの成長を助け、健全な未来を作るような真実を理解する心」を得るには、いったいどのようにしたらよいのでしょうか。

幸いなことに真実を決める方法はあるのです。そして、真実は成長を促すものとして、建設的な態度や行動を生み出します。言葉を換えれば、嫉妬、悪意、憎しみ、中傷することなどは真実の本当の果実ではありません。このような特性が含まれている場合には、彼らを表している人やグループ、運動は、そのスローガン、旗印《はたじるし》、教義とは関係なく真実の心を失っていることになるでしょう。真実の心は、忍耐、愛、友情を生み出します。というのも、これらの態度が物事を破壊するよりも築き上げる傾向があり、そのうえ長続きさせるからです。真実が活動的な場合には成長は抑えることが出来ず、ときには驚くべき結果をもたらしてくれます。

真実であることによって、真実を知る

真実とは、あなたが発見して、財布やポケットに突っ込むような品物ではないし、言うまでもないことですが、市場で売り物とするものでもありません。つまり、「できる限り正直に生きているときにのみ、人は真実を知ることができる」ということでしょう。実際には、「真実を話しなさい、正

直でありなさい」という一言につきるのです。

たぶんあなたの心には、この法則にも例外があるのではないか、と思われたかもしれません。命を救うためとか、誰かの気持ちに配慮するためとか、さらに気高い理由のために嘘をつくのが最善だと思える場合はどうなのか、ということですね。しかし、想像した状況をあれこれ拾い上げ過ぎてはいけません。実生活で、自分の言葉や行動に気配りしたり、敏感である必要はありますが、長い目で見れば、真実が最高の結果を生み出すことに気が付くでしょう。正直さこそが成長をもたらすのです。これはケイシー資料からの理にかなったアドバイスです。しかし、そのためにはどのように生きたらよいのかを知るのは、いつだって容易だというわけではありません。人生は度々私たちに難しい試練をもたらすからです。

例えば、蒸し暑い夏の夕方、あなたは飛行場のターミナルで、一列に並んで待ちながら疲れ切っているとします。一週間の旅行を終わって日曜日には帰りたいわけです。火曜日に仕事に入る前に、自宅で一息入れるための一日として、月曜日に休めるのを心から楽しみにしています。しかし、何か不都合が生じたらしく、その航空便がオーバーブッキングになっていました。あなたがチェックイン・カウンターに行くと、予約をとった大勢の乗客が、その便には乗れないだろうと言われました。そんな中、月曜日の朝に約束があって、本当に目的地に着かなければならない人が優先されることになりました。そのとき、接客係があなたに、「あなたは月曜日にお仕事をしなければなりませんか。そうでないなら、あなたのお席を譲っていただいて、明日の飛行機に乗ってくださいませんか」と言ってきました。

あなたはどのように答えるでしょうか。あなたは本当のことを正直に話すでしょうか。それとも、日曜夜の便を確保するために、「ちょっとした罪のない嘘」をつくことにしますか。このような状況下で正直であることに、一体どのような意味があるのでしょう。あなたにとっての本当の必要性に不正直でありながら、事実に正直であるということが有り得るでしょうか。

このような難しい問題に対しては、簡単に答えが見つかるわけではありません。それぞれの人が、最も正直なのは何かを行動を通して決断しなければなりません。あなたがこの飛行機の乗客であろうがなかろうが、たぶんこのような難しい選択にいつも直面しているでしょう。真実に関する質問は、絶えず私たちに投げかけられています。私たちの住んでいる世界にあっては、何が真実であり、本物であり、信頼できるのでしょうか。そして、自分自身に誠実であり、正直であるとは、実際には何を意味するのでしょうか。

たぶんこのような決定をする際に心に留めておくべき最高の法則は、真実とは成長を促すものだということです。たとえ真実の成長が、ときにはあなたを能力いっぱいまで働かせて、居心地悪くさせたとしても、正直に生きることを厭わないで欲しいと思います。

まとめ

丸一日、できる限り正直に生きてみましょう。もしあなたが、人との対話で何かを大げさに言い始めたら思い留まりましょう。うそをつきたいという衝動は、最も強いものかもしれません。自分の内面との対話においては、特に正直であるように努めましょう。あなたにとっての必要性や意志を偽ってはいけません。如才なく、しかも感性をもって話したり行動したりしてみましょう。しかし、できる限り正直であるように努めることです。

とにかく、自分自身に正直でありましょう。例えば、あなたの心の中で、自分の直面している困難を他人のせいにするのをやめることが重要です。それと同時に、心の中でそっとささやく不正直な言葉、自分の本当の才能や自尊心を否定するような言葉には耳を傾けないようにすることです。正直に生きることによって、あなたに成長が起こることを期待することができるのです。

法則19　悪とはただ善が間違った方向に導かれただけのことである

　ちょうど今、夜のニュースの時間だとしましょう。好奇心と不安の入り混じった気持ちで、あなたはテレビのスイッチを入れます。この少し異常な現代社会では、いくつかは救いとなるニュースもあるかもしれませんが、大部分は痛みや、怒り、苦しみを扱ったものでしょう。このようなマイナスのエネルギーに、あなたはどのように反応しますか。それはテレビを消した後で、ニュースのことを考えないようにすることかもしれません。しかし、悪を無視することは悪を消すことにはならないでしょう。全てのマイナスの影響力が、メディアで放映される悪いニュースほど劇的であったり、破壊的であるわけではありません。

　私たちは、家族や仕事、地域社会との関係などにおいてそのような難題を抱え、それに対処しなければなりませんが、自分の内部とも同じように格闘しています。これらはあまりにも身近にあるため、テレビのスイッチをひねるようには消えてくれません。マイナスの影響を伴ったこのような避けがたい出会いは、どのように扱ったらよいのでしょうか。私たちは誰もが日常的にこういったジレンマに直面していますが、もちろんエドガー・ケイシーも例外ではありませんでした。

　一九三一年の二月、ケイシーと友人たちは、株式市場の暴落による抵当物件の喪失により、彼の生涯の夢であった病院を手放すことになってしまいました。病院は素晴らしい業績をあげ、医者や看護婦によって、健康リーディングの指示どおりの治療が行われていましたが、この経済的な挫折に加えて、数人の創立者たちの間に個人的な意見の衝突が起こり、わずか三年の後に、この試みは終わりを告げてしまいました。しばらくの間ケイシーは、自分の全人生が失敗に終わろうとしていると感じていました。

同じ年の一一月、彼は妻や秘書とともに、ニューヨーク市に逮捕され、市の条例で禁止している占いを行った罪で起訴されました。全ての出来事がケイシーに、精神的なショックを与えました。そして、三人全員が無罪を宣告されたにもかかわらず、そのショックと困惑は深刻でした。さらに悪いことには、この全ての出来事が、以前には友人であった人物からの報復的な行為である疑いがあるとされたりもしました。

この時期、ケイシー自身に対するリーディングは、彼が生きる意志を失いつつあると警告していました。何か行動を起こさなければ、彼はまもなく死んでしまうだろうという内容だったのです。この警告を心に留めたケイシーの友人たちは、援助するために彼の周りに集まってきて、新しい第一歩がとられることになりました。彼らはスピリチュアル（霊的）な成長に関するリーディングの特別なシリーズを企画し、質問し、リーディングを受け取りました。友人たちは、ケイシー病院がすでにない今となっても、多くの人を助けるために、今でも使うことのできる膨大な内的な資料を所有していると考えました。

友人たちの努力は成功し、ケイシーにも命を与えることができたのです。ケイシーは再び新しく気を取り直し、頑張ろうという気になりました。一九三二年から一九四二年の間、このグループに特別に与えられた一群のリーディングは、霊的な成長についての体系的な考え方を提供しています。ケイシーの友人たちは、一九三二年の希望を失わせるマイナスの状況に対して、創造的に反応したわけです。彼らの努力により、私たちは一般にケイシーが残した最高の資料だと考えられているものを手にすることができるのです。

このリーディングで示された物の見方の中で最も興味のあるものの一つは、悪の性質に関するものです。一言で言えば、ケイシーはマイナスの影響についての基本的な見方を提案したのです。すなわち、悪とはただ善が間違った方向に行っただけのことであり、最も悪い悪においてさえ、善への最初の欲求が埋め込まれているというものです。この見方には、喜んでマイナスの状況に立ち向かうという考えも含まれます。つまり、回避しない、後退しない、不安感からテレビを消したりしない、ということです。悪は幻覚ではありません。悪は現実なのです。ですから現実をよく見極め、その中に含まれる善への欲求に気づくということが大切です。しかし、私たちは通常、その本質的な性質を理解していません。

あるリーディングで次のような質問がされました。「キリストに現れた神の愛と、最も下劣な感情に隠されて存在している愛の本質と、どちらがより現実的でしょうか」。それに対して、驚くべき答えが返ってきました。「二つの現実は一つであり、同じである！　最悪である人間の振る舞いの中にさえ、真実と愛の隠された種がある」。このリーディングは「宗教心をもたないことは、信心深さが少し足りないだけであり、言い換えれば、宗教心をもっていることと、それほどの差はない」と結ばれています。

悪についての三つの見方

歴史を通じて哲学者たちは、宇宙の本質的な善を信じ続けながらも、一方で悪の存在に頭を悩ませてきました。精神科医M・スコット・ペックは、彼の本『平気でうそをつく人たち』(草思社)で、悪に対する見方を三つのカテゴリーに分けて述べています。それぞれのカテゴリーで、悪の存在に対する考え方を支持している人たちがいるわけです。

悪の扱い方の一つ目は、悪が実在することを否定することです。極めて抽象的な巧妙さによって、悪は人間の想像の産物として切り捨てられます。悪とは単なる幻覚であり、人間が「神と人間の乖《かい》離《り》」という二元性を信じるときに通常作り出される、大きな誤りの一つであると主張するのです。この考え方に従えば、悪とはヒンズー教徒がマーヤと呼ぶものの単なる一側面ということになります。マーヤとは、あらゆる命のより深い統一性を隠している私たちの感覚によって、私たちに見せられる複雑な世界のことです。

悪が実在することを否定する人々は、自らを物質世界から完全に引き離すことによって悪を克服しようと努めるのです。そして肉体的な生活の一部であるあらゆる欲望や恐れを超越しようと努め、善と悪の二元性を超える意識レベルを目指して励むのでしょう。彼らの目標は「解脱」(ニルヴァーナ）であり、この上なく幸福なワンネスの内的状態です。ペックは、この理論の現代的・西欧的な表現として、クリスチャン・サイエンスやニューエイジの教材『コース・イン・ミラクル』を引用しています。

中東のペルシアにおいて、反対意見、すなわち第二の考え方が現れました。これは宇宙では、善と悪という二つの対抗する力の激しい闘争が続けられており、それは決して終わらないというものです。ペックは、この見方を「邪悪な二元論」と名づけました。それに近いことを最初にはっきりと述べたのは、謎の預言者ツァラトストラ（ギリシアではゾロアスター）でした。彼が生きていた正確な年代は不明ですが、紀元前六世紀までには、彼の考え方がペルシアの宗教に完全に吸収されていました。

悪についての一番目の見方は、人に特別な意識状態に閉じこもることを勧めたわけですが、ゾロアスターの考えにおいて具体化されている二番目の見方は、行動を起こすことを求めています。人はそれぞれ、悪がどこで見出されようとも、悪と戦う義務があり、そして戦いは敵国に対して、他人に対して、自分の内に対してさえ行われることになります。悪は解き放たれ、そして打ち破られなければならないというわけです。

悪と呼ばれる独立した強力な力が存在すると主張する邪悪な二元論は、現代でも多くの教義、例えばキリスト教やイスラム教世界の法則主義として表れています。ペック自身、この立場を支持していることを認めています。それは、貧困や無知、圧制のような悪に対して、そのような悪が存在するのだと信じる人たちに疲れを知らずに働く動機を与えることができるからです。しかし、これと同じ精神が、スペインの宗教裁判や一九五〇年代のマッカーシー諮問会のような恐ろしい場でも働いていたことがわかるでしょう。皮肉にも、この同じ「正義のために闘う」という狂信が、熱烈になるにつれ、同情心を掻き立て、意図した方向とは全く反対の結果を手にすることもあるのです。

悪についての三番目の見方は、ペックによって「統合二元論」と定義されていますが、前記の二つの考え方の中間的立場をとっているものです。これは、ケイシーの考え方に最も近いと考えていいでしょう。悪が実在することは認めますが、それはさらに大きなものの一部であり、霊的成長が可能であるような方法で、善と統合されているとするものです。このように悪というものは、個人の自由意志を働かせ、一連のはっきりした道徳的な選択をすることで、実際には求道者たちにとっての恩恵であり得るのです。ユダヤ人哲学者マルティン・ブーバーは、この考え方をパンを焼くことにたとえて表現しています。彼は、悪とはちょうどパン生地の中のイーストのようなものだと言ったのです。つまり、愛情に満ちた心をもって悪を適切に扱うならば、悪は魂の成長を生み出すこともできるということです。

私たちは、悪について何かを行うように呼びかけられるでしょう。例えば、悪の形を変えなさい、というようなことです。ケイシー・リーディングの言い回しを使えば、「悪の形を変えるには、その美点を見つけることから始めることだ」ということになります。この悪の統合的な見方は、第一、第二のモデルの要素を兼ね備えているといえます。私たちは、ときには悪に立ち向かい、それと直接に対決しなければなりません。そうすれば、個々の人間の心が悪と見なしているものに対して、大きな役割を演ずることができるようになります。私たちは、「外の世界」にある悪を客観的に見る前に、まず、「私たち自身」の内にある悪をはっきりと認識しなければならないでしょう。ケイシーは、目に見えない悪の力に翻弄されていると訴えて、リーディングを求めにやってきた人たちに、繰り返しこのことを教えました。

「あなたが悪について知るためには、まずあなた自身の内にある悪に気づかなければならない」とケイシーは思い起こさせたのでした。

斧と木のたとえ話

ルドルフ・シュタイナーは、エドガー・ケイシーと同時代の人です。シュタイナーは一八六一年オーストリアに生まれた、二〇世紀はじめに最も影響力のあった霊的指導者です。彼は医学、農業、芸術、教育に対して霊的アプローチを試み、社会に多大の貢献をしました。そして魂の覚睡のために、芸術、音楽、演劇が役に立つことを実証したのです。第一次大戦の直前、シュタイナーは、霊的な発展に関する四つの素晴らしい戯曲を書き上げ、それを監督、演出しました。それらのミステリー・ドラマの一つで、彼は悪に関する疑問を教訓的なたとえ話を使って話しています。

あるとき、悪についての疑問を抱えて悩んでいる男がいました。全てが神からやってくるのであれば、神は善のみのはずだ、では悪はいったいどこからやってくるのだろうかと考えたのです。この男は、長い間必死になってこの問題と取り組みましたが、答えを見つけることができませんでした。そんなある日、彼は斧と木の会話を耳にしたのです。斧が木に自慢しました。「私はお前を切り倒すことができるのだ。だが、お前は、僕に対してそんな力はもっていまい」。この傲慢な斧に対して、木は次のように答えました。「一年前、男がやってきて、私の体から今お前の取っ手になっている木の枝を切っていったよ。わかるかい？　私を切り倒すお前のその能力自体が、私がお前に与えた力から出てくるのだ」。

その男は二人の会話を聞いて、悪がどのようにして善の中に根付いているかについて、洞察を得たというのです。

このちょっとした寓話でシュタイナーは、悪についての彼の考えを明快に述べています。これはケイシーの考え方とも一致しています。

「悪は実在する、単なる幻覚ではない。しかしながら、そのエネルギーそのものは、一つの善なる創造の力――すなわち神――に根ざしている。それゆえ悪を破壊することは不可能なのである。悪を克服するためには、人がその悪の形を変えなければならない。悪の変形プロセスの第一段階は、悪が生じた根源にある美点の核心を知ることである」

あなた自身の欠点の中に、本質的な美点を見つけるには

ケイシーや他の「統合二元論」提案者が示唆しているように、悪の問題は結局のところ次の法則

に戻ります。すなわち、世界の悪に打ち勝つためには、まず、私たちの内にある悪の部分を変容させなければならないということです。私たちの誰一人として、確信をもって、「私には欠点がない」と言い切ることはできないでしょう。たとえ自分の欠点に気づき、それで悩んだとしても、どうしたらよいのかはわかりません。私たちの否定的な性質を凝視しても、多くの場合、その罪悪感や麻痺している感情に当惑して終わるのが落ちです。罪悪感は、あなたを自分自身と対立させることになります。あなたの一部分が、あなたの基準に沿って生きるのに失敗すると、あなたの他の部分が公然と非難を浴びせかけます。この内面的な戦闘状態で、精神的にも肉体的にも健康を害してしまいます。ではどうしたらよいのでしょうか。

まず、「本質的には美点である」という法則は、あなたにも同じように適用されるということを思い出してほしいのです。悪とはただ善が間違った方向に行っただけのことです。すなわち、あなたの欠点の一つ一つも、ある本質的な真実の副産物であるか、またはもともと美点の種だったものが、利己的なやり方で行き過ぎ、歪められ、その結果変形してしまったものに過ぎないということです。そして、その一つ一つの欠点も、自責の念や罪悪感が邪魔しさえしなければ、自分の本質的な美点を回復し、救済することができるのです。

これはあなたを苦境から救うための賢明な自己弁護ではありません。欠点は欠点であり、それに対して何かをする必要があるだけのことです。そこには希望があります。あなたの否定的な性質は変容し得る何かを含んでおり、美しく建設的な方法で自己表現できる何かを含んでいるのです。

次に、若いキャリア・ウーマンが自分の欠点の一つを見つけ出し、成長して再び本来の強さを取り戻すことができましたが、それをどのように行ったのかを話してみましょう。ある年、彼女は、誕生日のプレゼントに占星術の本を貰いました。大抵の人がするように、彼女も本を開いて、まず自分の星座の一般的な記述に目を通しました。九月生まれのおとめ座で、この星座の人はどのような個性だ、といったことが書かれています。しかし、その概要を読んで、非常にがっかりしてしまいました。おとめ座の人は気難しく、他人のあら探しをする、どちらかというと不愉快な人たちだと書いてあるのです。おまけにこの本には、次のようなユーモラスな「おとめ座の祈りの言葉」まで書いてありました。「神よ、どうか私を完全にしてください。そしてこの間のようなひどい目にはあわせないでください！」

この祈りに込められたユーモアは認めたものの、自分が長い間、ずいぶん批判的な人間であったと考え始め、考えていくうちに次々とさまざまなことが思い出されました。間もなく自分の性格的な欠点は、主に他人に対して批判的なことに根ざしているのだと確信するようになりました。最初はこの認識が彼女を落ち込ませ、批判的であると感じさせる考えや行動に気づいたときは、いつでもそう判断して自分を叱責していました。最後に彼女は、夫に自分の悩みを打ち明けました。

彼女は涙を浮かべて、自分を苦しめてきた否定的な考えを夫に明かしました。夫はいくぶん上の空で次のように答えました。「ねえ君、君はただ物事をきちんとやりたいと思ったから、一所懸命だっただけなのだろう。何も悪いところなんてないじゃないか！」。この何気ない言葉が、彼女にジレンマから抜け出す新しい視点を与えてくれました。他人に批判的な判断に向かわせる傾向にも、本質的な美点があることがはっきりとわかったのです。このように悪であるかのように見えるものは、善より少し下にあるだけで、その本当の本質を示そうと待ち構えている真理の種なのだということを覚えておいてください。

まとめ

この法則の目的は、あなたが通常自分の欠点として認めている性格的な特徴の一つを取り上げ、それを本来の状態に戻すことです。悪の中に存在している善の本質を探すことによって、あなたは欠点を大目に見たり、許せるようになるでしょう。その代わりに、あなたは自分の一部を変えることになります。あなた自身の性格を正直に吟味し、自分の弱さや欠点だと思える特徴を選んでみましょう。そしてしばらくの間、この欠点が美点の種をどのように含んでいるかをよく考えてみましょう。次に、最初は善であった衝動を、あなたはどのようにしてゆがませ、弱さにしてしまったかに思いをめぐらせましょう。やり過ぎなかったか、誤用しなかったか、利己的に使おうとはしなかったか、さもなければ、この本質的な強さが恐れや自己不信によって歪められていないか、といったことです。

あなた自身の行動を注意深く観察してみましょう。あなたの行動における特徴を肯定的に使うときや否定的に使うときに注意を向けてみましょう。基本的な強さをゆがめないように注意してください。

最後に、この最初の衝動を、純粋で肯定的なものとして保つようにしましょう。その衝動を否定的に表現している自分に気がついたら、パターンを変えてみましょう。

ステップ5　運命を開く力

法則20　人生にはある周期をもったパターンがある

人生とは全く予測出来ないものであるように見えます。ちょうど自分の財政状態が順調であると思っているときに、思いがけない請求書が来たり、体型がもとに戻ったと思ったとたんに有り難くもない病気に悩まされるとか、予想もしていないときに親友とうまくいかなくなるなどです。そんなとき、どのようにしたら未来に向かって、確信をもって計画を立てられるでしょうか。

しかし、もし私たちが注意深く観察することを学ぶならば、私たちの経験に意味を与える人生のパターンを発見することができるかもしれません。ケイシー・リーディングでは、これらのパターンを「サイクル（周期）」と呼んでいます。周期とは、九〇分（私たちが眠っているときの夢と夢の平均間隔）という時間の長さから、一つの生涯（魂が転生する際のサイクル）まであります。多くの周期は普遍的なものであり、あらゆる人類にとって条件付けられているものです。ということは、私たちが、この周期がどのように働いているかを知り、周期の影響に敏感になることができれば、人生を計画できるようになるかもしれません。

簡単な例を示しましょう。最も基本的なサイクルの一つは、一日の「二四時間周期のリズム」に見出されます。あなたの体は一日を通して、たくさんの変化を経ながら進む精巧な時計のようなものです。機敏さ、エネルギー・レベル、創造性は、与えられた二四時間のうちにかなりはっきりとしたピークと谷間を迎えます。これらのアップ・ダウンの正確な性質や時間は人によって異なりますが、周期的なパターンはそれぞれの個人にとって独特なものであり、変わることはありません。

例えば、あなたが夜型人間ならば、一番調子が良く創造的であるのは、他の人たちが寝静まっている夜かもしれません。その時間に最もひらめきが湧き出て、生産性が上がることを知ったあなたは、それに従って生活を設計します。それ以外の時間帯だと頭が動かず、欲求不満に陥ることでしょう。難しい仕事上のレポートを、朝食直後に無理やり書いたとしても、その出来はその日のもっと遅い時間に書いたものに比べて、かなり劣ったものになるでしょう。要は周期に「同調する」ことです。

周期（Cycles）と循環（Circles）

サイクルとサークルは共通の語根をもった別の言葉ですが、もしかしたら、この二つは同義語と言えるかもしれません。自然の四季の周期は常に同じ点に戻ってきます。自然周期にもっと関わった暮らし方をしている原住民は、円の形をしたカレンダーを使っていると言われます。ケイシー・リーディングでも、人生は周期的な変動に満ちているということを、自然界のリズムから説明しています。夜空をよぎる惑星や星の運行、地球を月一回回る月の運行などの天文学上の周期もまた、円運動として現れます。周期は、占星術においても大きな役割を演じており、土星は、あなたが二九歳ぐらいのときに、あなたが生まれたときと同じ状態に回帰します。その後はだいたい五八歳と、八七歳頃にも同じことが起こります。そして多くの人にとって、この時期は人生の大きな転機と一致しています。

しかし、人間の経験でいえば、周期と循環の間には微妙な違いがあるでしょう。長期間にわたって観察してみて初めてわかる違いです。短期的には一つの循環に見えても、実際にはスパイラル(らせん)であるかもしれないのです。基本的に、スパイラルであることは、どこかへ向かおうとしている循環を意味しています。スパイラルは三六〇度の動きをし、しかも、その動きに前進運動が加わります。事実、この前進部分を考えに入れなければ、スパイラルは循環のように見えます。しかし、この前進部分は、成長と発展を暗に意味する特別な次元なのです。一見同じように見えたとしても、実際には同じではありません。例えば、自然は季節のサイクルを数え切れないほど繰り返しています。どの春も、多くの点で前の年の春と同じでしょう。しかし、非常にゆっくりとではありますが、進化の過程を経ながら変化は生じています。今年の春は、五千万年前の春と同じではありません。

周期と循環の違いによって、多くの人に輪廻転生として理解されている「魂の周期」についても説明できます。全ての人生は、多くの点で似ています。誕生、子供時代、青春期、成人期、老年、死……。一つの生涯でこのようなお馴染みの変遷が繰り返されますが、一つの生から次の生に行く際に、成長や発展があるのです。これがケイシーの輪廻転生に関する見方です。私たちは曲線運動を経て前世との対応点に戻り、前世と非常によく似た課題に直面することになります。しかし、今度は新しいやり方で、その課題に出会うチャンスが与えられるわけです。

しばしば魂の周期は、十分な意識のない状態で経験させられます。それはちょっとした「デジャヴュ」(既視感)感覚で、意味ありげに感ずるという形で経験するかもしれません。このとき私たちが気づいていないとしても、魂の記憶から一瞬昔へ回帰したのです。

この過去と現在が親しくつながっているという概念は、エドガー・ケイシー自身の夢の一つにも現れています。それは、一九二五年一〇月六日、ケイシーと家族がヴァージニア・ビーチに引っ越してきて間もなく見た夢でした。夢そのものは短いものでした。彼は汽車に乗っていたのですが、どういうわけかあとに取り残されます。この夢の説明を求めるリーディングが取られ、ケイシーの魂の驚くべき周期が説明されたのです。

三〇〇年前の一〇月六日に彼は、現在ヴァージニア・ビーチになっているこの場所に、船で上陸したというのです。彼はジェームズ・タウンに住むためにやってきた植民地開拓者の一人でした。彼が新世界にやってくると、船は彼を残してヨーロッパに帰り、その地に「取り残された」のだと想像できます。彼とその家族がヴァージニア・ビーチで自分たちの新しい生活を始めようとしたとき、ケイシーはその同じテーマを演じているのでした。彼の魂は馴染みの場所に帰ってきて、新たな挑戦を始めたわけです。そう、正確に三〇〇年の周期で——。

肉体の周期

ケイシー・リーディングは、個人的または社会的な状態における周期的なパターンを探すように勧めています。例えば、世界経済は、確かに現代の投資アドバイザーたちが予測するようなあるサイクルによる影響を受けていますが、最も重要なパターンの一つは、二四年から二五年ごとに起こる経済的な下降だとリーディングは指摘しています。しかしケイシーは「個人的な健康」について、最もはっきりと述べています。この透視者の仕事の三分の二が治療法に関するものであることを考えると、これらのフィジカル・リーディングが、周期についてたくさんの情報を含んでいるのも驚くにはあたりません。

度々述べられたパターンは、二八日周期です。この時間間隔は、平均的な月経周期とも、月の周期ともほぼ同じです。ケイシーの自然治療法の多くは、性別に関係なく、四週間間隔で行うように指示されています。それは、肉体の排泄システムがそのような周期で働くことを示しています。別の機会にケイシーは、さらに短い二四時間周期のリズムにも言及しています。血流や筋肉の活動については、日中は両手、夜は胴や下肢が活発となる生得傾向をケイシーは指摘しています。これは彼が柔軟体操やストレッチ体操を奨励したのとも対応していて、朝は上半身に、夜は下半身に対して行うよう勧めているのです。

周期に対するもう一つのアプローチは、体の治療法に関するものです。ケイシーの治療哲学では、ある一定期間、治療を中断したり続けたりするよう指示されることがよくあります。ひまし油パックやアトミダイン（ヨウ素のたくさん入った液体で、一度に数滴使う）のような特定の治療法は、数日間続けて行った後、数日間休むというやり方をすることがあります。たぶん、処置をしない日は、その体に治療の効果を統合させ、体自身の源から反応させるためと思われます。飲食物が十分でない場合にビタミンを補給するときにも、体が過度に依存しないために、摂取と中断の周期をとることを勧めています。

ケイシーによって示された最も重要な肉体的な周期は何かといえば、疑いなく「再生のための七年間」でしょう。肉体のあらゆる細胞が、この期間内に作り直されると考えられています。多くの人は、この主張に元気づけられる反面、落胆もさせられます。どの状態が変容可能であるのかが再確認できる一方、結果を知るのに何年もかかるかもしれないからです。驚くほど効く薬や、奇跡のような手術の出来る時代に、七年も待ちたいとは思いません。私たちは「今」治りたいし、錠剤や注射が、ほとんどどんな肉体的な病でも治してくれるものと信じています。肉体を機械のように扱う傾向のあるこのせっかちな技術社会では、伝統的でない「透視力のある医者」の言うことなど、耳を傾けられることはほとんどないかもしれませんが、私たちの肉体のある状態は、一晩のうちに急いで作ることも変えることもできません。そのようなものの一つが、生まれつきもっている七年周期です。

もちろんこれは、痛みの軽減に七年間かかるという意味ではありません。現代医学でも、ケイシーの自然療法でも、七年よりもずっと短い期間で多くの病気の症状を軽減することができます。しかし、この場合の鍵となる考えは、全身的な健康を再生させるには、単に不快な症状を除去するだけではなく、ゆっくりとしたプロセスが必要であり、忍耐強く、粘り強い努力がなされなければならないということなのです。

しばらく、あなたご自身の体について考えてみましょう。あなたが、肉体的には七年前のあなたとは同じではないという可能性について考えてみてほしいのです。体重が変化したこと、白髪が増えたことなど、変化したことを示す明らかな証拠があるかもしれませんが、ケイシーの意味するのはもっと基本的なことです。あなたの心臓の細胞は七年前と同じではありませんし、血液細胞も皮膚の細胞も新しくなり、七年を経て、肉体全体が「完全に」入れ替わってしまったのです。しかし、それによって大きな違いが生じるのでしょうか。あなたの体を再生産する自然周期の間に、たくさんの弱さや病気を作り出しているかもしれません。実際の話、これがほとんどの人に起こっていることなのです。

しかし、逆に考えれば、次の七年間に、あなたは自分の体の弱さ、欠点、病気などのあらゆる点を変えることができるかもしれないのです。ケイシーは、あるリーディングで次のように述べています。「七年の間、純粋に霊的なことを栄養としてきた心は、世の光となる体を作り出すであろう。しかし、物質的なもの、利己的なことのみを栄養として与えられた心は、フランケンシュタインのような怪物を作り出すこともある」。もちろん実際には、この二つの極端な例の間のどこかになるわけですが、あなたの肉体の未来はあなた次第ということです。次の七年周期の間に完全な健康を作り出すのは、あなたの力が及ぶ範囲内にあるのです。

精神的・霊的な周期

ケイシーの資料では、肉体に関するのと同じように、「心や霊魂」に関しても、成長の規則的な周期を教えています。例えば、二七歳の民間の技術者がリーディングを求めてケイシーに手紙を書いてきました。彼の母親も以前ケイシーの助けを得ていたので、このリーディングという特異な情報源は彼にとっても助けになると思ったからでした。

リーディングでは、今の生涯でこの男がする魂の経験について、透視者としてのアドバイスを与えながら、彼に心理的な変化の周期を探すように勧めました。そして、この七年間のうちに何が起こったかを振り返り、注意するようにと示唆しました。その七年間とは、新しい力が集中して彼の人生にやってきた期間であり、霊的な方向への願望や創造的な原動力が、七歳、一四歳、二一歳のときに影響を及ぼしていた、とケイシーは言いました。次いで二八歳という年齢は、同じような影響をもつ新しい周期の始まりになるであろうと予測しました。しかし、その強い影響力は誕生日からだけではなく、一四ヶ月間、すなわち二八歳の誕生日の二ヶ月前から始まり、二八歳の最後の日まで続くというのです。この内容が当たっていたかどうかを私たちに教えてくれるような、ケイシーと若者の家族との間のその後の手紙のやりとりはほとんどありませんが、残念なことに、彼が三五歳の誕生日近くに悲劇的な死を遂げたという短い記述が残っています。

私たちはルドルフ・シュタイナーの業績を研究することによって、精神的・霊的な周期についてさらに詳しく知ることができます。思考に関する多くの秘教的な学説の中では、この社会哲学者の考えがおそらくケイシーの考えに最も近いようです。シュタイナーもまた、この七年という年月が、最も人間生活に影響を及ぼす周期の長さであると述べています。しかし彼は、体の変化に焦点を合わせるよりはむしろ、それぞれの周期の間に起こる内的な発展という面を強調しました。それは七歳、一四歳、二一歳、二八歳、三五歳等々で特徴づけられる、異なった段階における内的発展のことです。

人生の最初の七年間を例に挙げてみましょう。子供の「魂」はまだ受肉の過程を続けています。霊的な世界は、程度の差はあれ、いまだ接近できる状態にあります。もしこの「精神的なへその緒」（訳注＝霊的世界とのつながりを比喩的に言っている）が早まって切断されてしまったならば――その影響は人生のずっと後になるまで観察されないかもしれませんが――個性の発展に有害な影響があります。この理由のためにシュタイナーは、七歳（肉体的には、永久歯が生えてくる新しい周期として象徴される）以前の集中的な知力教育は避けられるべきであると感じていました。子供に、算数や読書のような論理性や機械的な記憶の開発を強いる精神活動は、もっと後年までとっておかれるべきであり、小さな子供たちには、それよりもむしろ、芸術的な活動や創造的な活動を与えるべきだと主張しました。

シュタイナーは、七年周期のこの概念に基づき、児童期の教育についての広範囲にわたるカリキュラムを開発しました。「ワルドルフ学校運動」という名前は、第一次大戦後しばらくしてから授業が始められた最初の学校のあった場所にちなんで名付けられました。七歳から一四歳までの子供が行く小学校では、魂は、もう新しい段階の学びの準備が出来ているので、読むこと、書くこと、外国語、芸術、技術などの学習が含まれました。しかし、さらに抽象的な思考は三番目の七年周期――この時期に思春期が始まります――まで待つことになります。

大部分の成人にとって興味があるのは、この理論は、二一歳以降にも当てはまるということです。最初の成人周期は、社会的・職業的決定に関わる追求に主として目が向けられます。結婚相手を入念に選ぶ、家庭生活を始める、職業を選択する等のことです。シュタイナーによれば、これらの課題は社会的な義務以上のものとされます。この七年周期の間に起こる各人固有の心理的・霊的な発展が、これらの成果をとりわけ重要なものにします。次の二八歳から三五歳の周期においては、ある種の思考の独立が現れ始めます。個人は、信念や確信の自主性を発展させるような機会をもつようになるのです。シュタイナー理論では、この成熟が大きな変換点へとつながっていきます。すなわち三五歳、六番目の周期の始まりです。

三五歳から四二歳までの間は、よく「嵐の時代」と呼ばれる、中年の危機の始まりになります。高いパーセントで結婚が失敗に終わったり、出世はもはや意味があることに思えなくなったりします。誰にとっても三五歳から中年の危機が始まるわけではありませんが、シュタイナーによれば、この七年間に非常に重要な何かが起こるとされています。もし何かの異常な状態に邪魔されなければ、この年令までに、ある程度の固有の精神的発達が進みます。三五歳までは、自然な成熟の流れが人をリードしていきますが、それはこの年令までです。その年令以降は、成功も失敗も、私たち自身の努力や自由意志の使い方次第ということになってきます。それぞれの新しい七年周期には課題があるのです。それまで自分の自由意志を、責任をもって使ってこなかったような人は、自分たちが循環状態に入り込んだことに気づき始めるでしょう。しかし、生活の機会を創造的に掴んでいる人たちならば、それぞれの新しい周期を、成長と発展のらせんとして経験できるはずです。

身の周りの物事の周期を確認する

もちろん、意味のある周期が全て七年に固定されているというわけではありません。ケイシーやシュタイナーが言及した、もっとはるかに長い宇宙の周期もありますし、もっと短い個人的な周期も見つけることができます。例えば、あなた自身の歴史をよく調べてみれば、四年ごとに引越しをしているとか、五年ごとに仕事を変えている、あるいは六ヶ月ごとに体調を崩しているとか、二年ごとに精神的に引きこもりたくなるといったこともあるでしょう。新しい周期ごとに全てが変化すると期待してはいけないでしょう。ときには新しい期間が始まっても、あなたの人生の多くの状況や核となる性格は、変わらないままかもしれません。しかし、そうした比較的安定している過渡期においてさえ、古くからの友人や知り合いが新しい役割を演じ始め、新しい人々がそれまでの役割を埋めるためにあなたの生活に入ってくることに気づくでしょう。よき指導者は仲間以上のものとなり、新しい教師や役割モデルとして認識されることになるでしょう。あなたにとって最も身近で最も親しかった友人は、たまに会う仲間となり、これまでの場所は新しい親友によって占められるようになるかもしれません。

周期というこの考え方を用いることによって、私たちは何を行えるのでしょう。もし人生がこれらの見えない周期パターンによって形作られる場合もあると確信したなら、この知識は、どのように今日の世界において生きるための助けをしてくれるのでしょう。人生における周期を知ることが、よりよい未来を作り出すのに、どのように助けになるかについて、三つの実際的な方法を挙げてみました。

一、あなたの体に対して新しい態度を取り入れましょう

体は年をとるにつれて、ゆっくりと劣化していく機械のようなものであると考えるのが典型的な見方ですが、そうではなく、七年ごとにあなたの体は作り直されていると考えてみましょう。今から七年後にどのような体になっていたいかという理想像を現実にするために、何ができるかにかかってきます。それは忍耐がいる作業かもしれませんが、肉体的な再生の基本的な周期がそれを可能にするのです。

二、何かを始める際には、正しいタイミングを探しましょう

知恵の出し所の一つは、行動するときと待機するときを知っていることです。話をするべき時期と耳を傾けるべき時期に、敏感であるべきです。周期という考え方は、適切なタイミングを選ぶことが最高の結果を得る鍵であることを示しています。

私たちの注意のほとんどは、通常、周期の始まりと終わりに向けられがちですが、本当はその過程のあらゆる時点が重要なのです。例えば、ある女性が自分の職業経験の四年周期に気づいたとしましょう。四年ごとに彼女は昇進しているか、新しい会社に移っています。そのようなパターンを理解し、それを活用しながら創造的に働くための鍵は、その期間の中間点でも、繰り返し起こる状況や機会を利用することにあるのです。ただ漫然と次にやってくる四年目の変わり目を待っているべきではないのです。もしかしたらこの女性は二年目頃に、雇い主に対して内密にしなければならないような仕事上の失敗を常習的に起こしていることに気づくかもしれません。さもなければ、三年目の時点で彼女の新しいアイディアの一つが見事に成功し、それを知ることで、次の四年周期において、新しい可能性に向けてスタートできるかもしれません。

一つの周期内で――あなたの職業、健康、人間関係、精神生活に関係あるなしにかかわらず――何かを始めるのに最適の時期というものがあります。さらに、あなたの人生に同時に存在するたくさんの周期に気づくようになれば、もっとうまく選択できるようになるでしょう。一つのことを決定するときには、次のように自分に聞いてみてください。「これまでの人生を振り返ってみて、現在

の状況が『繰り返しパターン』の一つになっていないだろうか。そうだとすると、今現在、私はその周期のどこにいるのだろうか。そして、最高に働くためには、どのような努力が最もふさわしいだろうか」と。

三、古い課題の中に存在する新しい機会を認めなさい

もう解決済みだと思っていた問題に再び出くわすことほど、がっかりさせられることはありません。周期の理論では、そういった繰り返しが過去と同じ失敗によるものではないことを示しています。もし、あなたが成長のらせん上にあるなら、以前からの馴染みのある状況に戻ったとき、新しい状況に向けて、感応の質をさらに高いレベルに上げていくことが重要です。以前にもあった問題に出くわしたら、らせんというイメージをもち続け、個人的な成長は上昇するループ状に動いており、その中で今、馴染みの点にまた戻ってきたのだと想像することです。今あなたが一段高く昇ったことを、心にはっきりと留めておきましょう。そうすれば、さらに成熟した愛情のある反応で困難に立ち向かうことができるでしょう。

周期は、宇宙が規則正しいということを私たちに思い出させてくれます。一見すると混沌としているように見える世界において、周期は人生に対する自然のリズムが存在していることを証明しています。私たちがその周期に気づいていようがいまいが、周期は毎日、毎年、さらに全生涯を通じて、各自の経験を形作っていきます。私たちにとっての課題は、これら生活の基本的なパターンを

認識し、それに同調して働くことによって、より良い未来を作り出すことなのです。

まとめ

自分の生活史を見直すために、邪魔されない時間を一時間ほどとりましょう。そして次の各項目に該当する、過去の重要な出来事を、時系列に沿って紙の上に書き出してみます。

①個人的な健康や病気
②職業的な興味や成果
③愛情関係
④その他の関係（友人と敵）
⑤精神的な成長

これらの変遷史を作成できれば、周期の法則が機能していることに気づくでしょう。もし他の主題についても、同じように実際的な重要性があると思えたならば、それについても時系列表を作ってみます（例えば、金銭面、引越しなど）。思い出すことの出来る重要な場面を書き留めてみましょう。時系列表が終了したら、そこに現れているパターンを探してみます。たとえ七年周期が人間の経験にとって基本的なものであるとしても、そこにはたぶん異なった間隔の個人的な周期も見出されることでしょう。病気に関連した三年の周期を発見するかもしれませんし、五年周期で、重要な近しい友人があなたの人生に現れて来ているかもしれません。

最後に、その時系列表を、あなたの未来を調べるために使うのです。それによって、周期によれば、ある事柄についてはどのような状況が予想されるか、そして困難とチャンスをどう処理していったらいいかということがわかってくるでしょう。

法則21　名前には力がある

『ロミオとジュリエット』には次のようなせりふがあります。「名前がどうだっていうの、大切なのは中身でしょ。私たちはバラと呼んでいるけど、他の名前だとしても同じように甘い匂いがするはずだわ……」。このシェイクスピアの劇は、お互いの名前によって悲劇的な終わりに向かいます。二人の若い恋人たちは、家同士の激しい争いに巻き込まれていくからです。私たちにとっても、ときには姓名は重要な価値をもつものでしょうか。

あなたは、これまで自分自身の名前について考えたことがありますか。その名前はどのような意味をもつのか、あるいは名前とは単に便宜的なものなのでしょうか。一般的には、自分を指し示すための単なる手段くらいに考えられていると思います。

それに対してケイシー・リーディングでは、名前に独特の価値を置いています。一例として、ある女性が、うまくいっていない結婚生活のために助言を求めたケースを紹介しましょう。彼女の質問の一つは、名前を変える可能性について尋ねるものでした。彼女は自分の名前が好きになれなかったのです。それで、もし自分が名前を変えたら、自分と夫の関係が改善するかどうかと尋ねました。ケイシーの考えによれば、彼らの名前そのものが彼らの出会いに重要な意味をもっていたために、名前を変えてもうまく行かないだろうとケイシーはアドバイスしました。

しかし、他の例でケイシーは、名前を変えると利益があるかもしれないと改名を勧めた場合もあります。あるときケイシーは、遠くの都市にいたある男性のリーディングを始めようとしていました。彼がいつものように受取人の名前と住所を繰り返したとき、不思議にも、「アルバートという名前は、取り去るべきである」という言葉を差し挟みました。それから、いつも通りにリーディングを続けたのです。それはこの男性にとって、名前の変化が重要な影響力をもっていることを意味していました。

ケイシーは、名前の重要性について驚くほどたくさんのことを言っています。人の名前は、その人物の人生経験の全ての象徴となり得るのだというのです。ときには、「数の波動」(Number vibrations)を改善するために、名前を変えるべきかどうかとケイシーに尋ねる人もいました。「数秘学」と呼ばれるこの秘教的なシステムは、名前から象徴的な意味の鍵となる数を求める方法です。ケイシーは、新しい影響をもたらしたり、「波動」を変えるために、名前を変えることに賛成することがときどきですが、ありました。しかしその際、新しい名前はその人物にとって個人的に重要なものでなければならないと、いつも注意を促していました。好みの数の波動を得るために、文字を組み合わせただけでは十分ではなく、もっと奥深い意味をもつべきだとケイシーは諭したのです。

例えば、過去世に関係した名前を使うようにと言われた人がいました。その前世の生涯での出来事が特に建設的なものであった場合には、その前世のときの名前を使うことは、当時と同じ能力の発達を助長させるというのです。一九四一年、生後一一ヶ月の幼児がリーディングを受けたとき、その子は前世で、かの有名なハンガリーのピアニストであり、作曲家であったフランツ・リストであったと告げられました。両親には二つの助言が与えられました。

一つ目は、その先天的な才能は、適切な訓練を与えられて初めて花開くものであるから、ピアノのレッスンを早い時期に始めるようにというもので、もう一つは、ニックネームをフランツにしなさいというものでした。この名前を使うことによって、この子供は作曲家リストとして開発した彼の音楽的な才能を、より効果的に引き出せるだろうとケイシーは言いました。しかし、残念なことに、この少年が大人になってこの可能性を発達させたかどうかの証拠は残っていません。

先に述べたように、名前というのはその象徴的な意味においても重要です。ケイシーはある女性に、アルタという名前で有史前のアメリカに転生していたときの話をしました。アルタとは、「新しい人生」という意味だそうですが、その転生で彼女は、名前が象徴するような成長、つまり大きな霊的な覚醒を経験していました。

別のある男性は、有史前のエジプトにおける生涯で、異なった文化からの霊的な英知を収集し、編集し、まとめる役割を果たしていたと告げられました。リーディングによると、彼の当時の名前はデュオ・シー・デュイであり、その言葉には「二つ一組で教える」、または「二つの情報源を比較することによって教える」という意味がありました。この名前は、その生涯における重要な活動を要約していたわけです。

輪廻転生という考え方に対し、あなたはある種の困惑を感じるかもしれません。しかしあなたが、これまでたくさんの生涯を生きてきたとしたら、あなたは様々な名前で呼ばれていたはずです。その名前のうちで、他と比べてより重要な名前というのはあるのでしょうか。その問いへの最善の答えは、他の魂と区別するために、あなたの魂も自身の名前をもっているという次の説明を読めば、わかるでしょう。

魂のサイン

それぞれの魂は個別のものであり、ある意味、魂の名前（ソウル・ネーム）をもっていると言えます。その名前は霊的な成長に向かう長い旅を通して、その行動や思考を通して行った選択によって「刻みつけられて」いるのです。ヨハネの黙示録において、神の天使は次のような約束をしています。「勝利を得る人に、わたしは隠れたマンナを与えよう。また、白い石を与えるが、その小石には、それを受ける者のほかは誰も知らない新しい名が刻まれている」（ヨハネの黙示録二・一七）と。

このくだりは、実は行われる全ての決定が一刻一刻刻み付けられている「ソウル・ネーム」について触れているのです。その膨大なサインは、最終的には神のもとに帰る際の記録となります。白い石は、その究極の勝利を象徴し、他方その名前は、魂として地上に滞在したことを象徴化しています。あなたの旅はあなた特有のものであり、あなたの名前はあなただけのものなのです。

イエスは良き羊飼いのたとえ話の中で、同じテーマについて触れています。それは「羊は自分たちの羊飼いを知っており、羊飼いは羊をそれぞれの名前で呼んでいる」（ヨハネ一〇・二～五）というものです。言い換えれば、私たちは宇宙の大海に浮かぶ個性のない泡ではないということです。もっと正確に言えば、創造的な力は私たち一人一人のことを、それぞれの名前によって知っているというのです。これは非常に慰めとなる考え方ではないでしょうか。

同じように、祈りや瞑想についてのケイシーのリーディングでは、ヒーリング・エネルギーを用いる際、それを受ける人の名前を使うようにと私たちに勧めています。瞑想のセッションの終わりに、困っている人たちに支援の祈りを送る際、私たちは注意の焦点を合わせるために人の名前を使うことがあります。その特定の波動をもった名前は、霊的な王国における一種の挨拶となるものなのです。

名前によって救われる

古代エジプトの神話は、その後のキリスト教徒や仏教徒の考えとの間に、興味深い類似性を示しています。例えばエジプトの再生復活のシンボル、すなわちオシリス伝説では、敵によって殺害され、引き裂かれ、ばらばらに撒き散らされた神であったオシリスが、その後、再びつなぎ合わされ、復活した姿で天国に案内されました。エジプト人にとってオシリスは冥界の王であり、裁判官でした。至福の国でオシリスとともに暮らすことが、全てのファラオ(いや、たぶん全てのエジプト人)にとっての希望でした。これを確実なものにするためにエジプトの支配者たちは、自分たちの名前とオシリスの名前とを結び付けていました。

二世紀頃に起こった仏教のマハヤーナ学派(大乗仏教)では、信心深い信者たちが極楽にいるブッダと一緒になることを希望しながら、努力していました。これを達成するためには、五つの行動規則を守らなければなりませんでした。その一つがブッダの名前を繰り返し唱えることで、天国にいる聖人に呼びかけることでした。力に満ちていると信じるこの名前を唱えることで、彼らは最高の徳を身につけることができ、その結果、天国における彼らの場所が確保できるというのが、その教えでした。

新約聖書を注意深く読んだことのある人なら誰でも、神とつながりをもつ際に、この同じテーマが述べられていることに気づくと思います。主の名前には救いの力が存在しており、「主の名を呼び求める者は、全て救われる」(ローマ一〇・一三)と言っているのです。

それではあなたの名前はどうか?

自分の名前に、このような考え方の全てを当てはめようとすると、難しいでしょうが、あなたの宇宙における魂の名前と、あなたの現世での名前との間に、何らかのつながりがあるとすればどうでしょう。偉大な人物の名前と同じく、あなたの今の個人名は、その象徴的な意味を通して、個性と血縁関係の両方を定義する助けをしているのです。

ある人物が、ケイシー・リーディングで、彼女がいつも使っているファースト・ネームの代わりに、ミドル・ネームのミリセントを使うようにと言われました。彼女がその理由を尋ねると、リーディングは名前の意味を調べるようにと告げました。この名前には「世話をする人、与える人、他人に対して大きな重要性をもつ人」という意味があるとリーディングは言うのです。実際にケイシーは、その名前の意味を非常に正確に評価していました。辞書によると、ミリセントは、「強い」と「働く」を意味する古い高地ドイツ語を組み合わせたものでしたが、当の女性にとってこの新しい名前は、他人への奉仕をする際に役立ち、強くなれるよう彼女を力づけました。

しかし、もしあなたが知らないうちに、「堕落した悪党」のようなひどい意味の名前を与えられていたとしたらどうでしょう。あなたは、その名前がもたらすようなひどい人生を運命づけられるとでも言うのでしょうか――。いいえ、そんなことはありません。

ある男性がリーディングで、彼のビジネスを改善するためには名前を変えた方がいいかと尋ねました。それに対するケイシーの助言は、当を得たものでした。名前を変えるよりも、彼がすでにもっている名前に何らかの手を加えるべきであると助言したのです。名前に象徴的な力を与えた場合にのみ、名前はその力をもつというのです。言い換えると、あなたが名前にする名前になるかもしれないし、チャレンジや困難を表すような名前になるかもしれません。どちらにしても、名前は、あなたがそれから影響を受けるときにのみ、影響力をもつのです。

新しい名前にする

結婚によって慣習法上の名前が変わる場合を除いて、大部分の人は一生を通じて自分の名前を変えることはありません。しかし、人によっては名前を何回も変える人がいます。それでも、理由もなく名前を変える人はまずいないでしょう。新しい名前に変えることには、意味深い何かが存在します。通常はそれによって何か変化が起こるものです。その新しい名前が、人生における新しい段階を象徴するようになるのです。

ネイティブ・アメリカンの文化では、名前の象徴的な力を理解していました。もし、種族の一員が、ヴィジョンを見る啓示体験のような大きな経験をした場合、その個人は新しい名前を受け取りました。私たちの文化では、結婚は名前を変える一つの機会となります。しかし、ごく最近まで名前を変えるのは女性に限られ、新しい夫の姓を名乗るようになるのが一般的でした。しかし、女性が自立し、その地位が向上するにつれて、この習慣も徐々に変わりつつあります。

ある女性は、自分は結婚後もこれまで通り自分の名前を使い続けたいと主張しました。夫はこの考えを歓迎しませんでしたが、彼女の考えに敬意を表し、彼女の主張を受け入れました。というのも、彼女が自分の名前を使い続けることで、本来の個性、彼女らしさを維持していることが、彼にもよくわかっていたからでした。結婚生活は非常に順調で、結婚一〇年目を迎えたとき、二人は親になることを決心しました。この記念日のために、二人は式を挙行することにしましたが、その式の一部として、お互いに再び献身し合うという宣誓文を、それぞれが相手に隠したまま用意していました。

女性の方が準備した宣誓文で、子供をもつことを希望する和合の象徴として、これからは自分の姓ではなく、夫の姓を名乗ることが宣言されていたのです。個人的に意味のある名前を変えることが、彼女の人生における大きな変化を記念するものとなったのです。

名前の力を使う

あなたはこれまで、尊敬している誰かに自分の名前を覚えてもらうというわくわくする気持ちを経験したことがあるでしょうか。あなたの名前が認知されたとき、あなたは自分のアイデンティティ（独自性）が認められたという素晴らしい感覚をもつでしょう。あるいは、あなたが作り上げた作品の上に、自分の名前を書くことで与えられる満足感を感じたことがあるでしょうか。こういった達成感は、個人として認められたいという基本的な欲求に関係しています。

私たちの社会がますます機械化され、個性を発揮する場が減少するにつれて、インディビジュアリティ（個体性）という感覚をもち続けることがますます重要になってくるでしょう。現在の技術社会のシステムでは、割り当てられたいろいろな数字によって物事が特定されます。例えば社会保障番号がそうですし、銀行の口座番号もクレジット・カードの番号もそうです。支払いをする請求書の一枚一枚に、銀行の口座番号を書くように求められます。

私たちは、一人一人の個人名の重要性を認めることによって、建設的な未来を作る際の助けとすることができるのです。ジェシー・ジャクソン師は、名前を記憶し敬意を表すことで「私はひとかどの人物である」とアファーメーション（確言）することを示しましたが、他の人たちに対してだけでなく、自分自身に対してもそうすることで、自己の重要さを思い出させることができるのです。

個人的に接触をもつ場合、それぞれが相手の名前を呼び合うことによって付き合いが深く強くなります。個人間のやりとりの調子も、お互いが名前で呼び合うと変わってきます。二人で会話をしているとき、お互いに意識的に個人名を使ってみてください。するとお互いの共感的な関係が、直ちに強められたことが感じ取れるでしょう。

多くの人と同じように、たぶんあなたも新しい名前を覚えるのには苦労していると思います。特に表面的な付き合いしかしていない知り合いの名前は覚えにくいものです。その際に記憶の手助けをしてくれる方法は、二つあります。一つは、その新しい名前を、すでに馴染みのある名前と結び付けて考えてみることです。例えば、あなたがジムという名の人に紹介されたとします。あなたは心の中で、「あー、ジム……。宇宙船エンタープライズ号の船長ジム・カークと同じだ」とか「ジム……僕の少年時代の友人ジム・キニーと同じだ」などと考えるのです。このような素早い連想は非常に役に立ちます。人の名前を覚えるもう一つの方法は、その名前を聞いた直後、忘れないうちに意識的にその名前を使う努力をしてみることです。例えば、まず「はじめまして、ジム」と言い、数分後には「ジム、お仕事は何をしていらっしゃるのですか」と聞くなど、何回もその名前を使えば、そのうちに覚えてしまいます。

人間関係を強化するために名前の力を利用するには、それとは違った方法もあります。それは、あなた自身の名前を使ってみることです。例えば、新しい取引先に仕事の電話をする場合、仕事の話をする前に、まずあなたの名前を申し出てみるのです。こうすると、あなたがかけている電話の全体の語調に影響を与えることが多いはずです。なぜなら、多くの人は、名前を通して関係をもつことを非常にありがたいと思っているからです。多くの人は、自分が唯一の個人として認められたいと願うとともに、他人のことも、唯一の個人として認めたいと願っているものです。

あなたの名前には力があります。名前によって、自分の個体性を主張できます。あなたのような存在は他にはいないのです。雪片が全て特有の形をしているように、あなたもまた唯一の存在なのです。さらに、宇宙の創造主は、あなたを個人として、あなたの名前で知っているのです。

まとめ

ここでは、匿名性が増大し、個人を尊重する傾向がどんどん薄れていっている現代の風潮を少しでも和らげることに焦点を当てています。数日間、人の名前に敬意を表すようなあらゆる努力をしてみましょう。例えば、あなたが誰かに会ったら、まず最初に一息入れて、その人の名前を記憶することを心の中で誓いましょう。可能であれば、その人の名前をあなたの最初の会話で使ってみることです。また、あなたが特別に関心をもっている人のために祈る時間を、毎日数分間はとっておきましょう。そうすると、その名前が、祈られる人の「ソウル・アドレス」として役立つからです。

新しい知り合いや古くからの友人との間で、ある期間、会話の際に名前で呼ぶように特別な試みをしてみましょう。名前を使うことが、毎日の言葉のやりとりにどのように活気を与えるかを観察してみましょう。

法則22　集団の力にどう関わればいいか

一九四〇年代、エドガー・ケイシーの人生も残り少なくなったとき、人生を通して彼が経験した全てのこと、試みた全てのことを時折回想しました。あとになってわかったことですが、彼の努力のいくつかは失敗に終わっていました。例えば彼が最も愛した病院は、開業後たったの三年でつぶれてしまいましたし、アトランティック大学という高等教育の試みはさらに短い期間しか続きませんでした。彼の初老期になってからやっと、挫折の灰塵《かいじん》から、最も偉大な勝利の一つであるスタディー・グループ計画を立ち上げることができたのでした。

一九三一年に病院が閉鎖されたとき、人生が失敗に終わろうとしているように感じたケイシーは、自分が「あの世」にいて、自分と同じく死んでしまった人にリーディングを与えているような夢を見始めました。その後すぐに取られた、これらの夢の解釈を求めた彼自身のリーディングは、友人たちがケイシーに意味のある目的をもたせる必要があると警告しました。さもなければ、彼の魂はもっとよく奉仕できる場所へ、その義務感に従って行ってしまうだろうというのです。

この預言にせきたてられて数人のケイシー支持者が、小さなグループを作りました。その中心はケイシーであり、目的は二つありました。一つ目は、ケイシーに行う意味のある何かを与えることであり、二つ目は、人々の運命を満たし充実させるのに助けとなる霊的な法則を探求する機会を用意することでした。そのグループは、ケイシーからのリーディングを受けるために定期的に会合を開き、リーディングの答えを生活に応用しようとしました。

その後そのグループでは、これらの法則についての教えのシリーズを書き上げ、各メンバーの個人的な経験を組み合わせました。その教えは、協力、自己認識、霊的理想、忍耐、信仰のような法則に焦点が当てられています。グループは一一年間続けられ、一三〇件のリーディングが与えられ、テキストを二四の教訓にまとめました。この期間が終わる頃には、ケイシーはスタディー・グループ計画を、彼の人生で最も重要なものの一つと見なすまでになっていました。

結局、この二四の教えは、『神の探求』（訳注＝邦訳は『神の探求Ⅰ』としてたま出版から刊行。『同Ⅱ』は準備中）という題名で二巻一組として出版されました。その教えは、スタディー・グループの世界的なネットワークにとっての中心点となったのです。あるリーディングは、この本が非常に多くの人々にとって、精神的なガイドブックになるだろうと予測していました。その予言は、ケイシーの死後数年もしないうちに十二分に証明され、一九三一年に、一人の友人を援助するために集まった献身的な人々の小さなグループが、重要で創造的な偉業を成し遂げています（訳注＝今でもスタディー・グループという形で世界中で活動を続けています。その中心となるテキストが『神の探求』です。日本エドガー・ケイシーセンターでも、本式にスタディー・グループを始めました。日本には日本エドガー・ケイシーセンター以外にも『神の探求』を使ったスタディー・グループがいくつかあります）。

小さな集団が大きな変化を生み出せる

歴史をひも解くと、ケイシーのような例をたくさん見出すことができます。紀元前五世紀頃、ゴータマ・シャカムニが完全なる悟りを得てブッダ（覚者）になってから、新しい宗教の基礎作りを助けてくれる僧侶たちを集めて小さな集団を作りました。五〇〇年後、イエスは四〇日間荒野で断食し、悪魔との霊的な最後の対決に勝利した直後に彼は再び社会に戻り、一二人の人物を選んで彼らを中心的な弟子としています。

また六世紀後、アラビアの四〇歳の人物が、洞窟で瞑想をしているときに啓示を受け取りました。名前はムハンマド（マホメット）といい、のちにイスラム教の始祖となりました。次の二世紀のうちにイスラム教（イスラムには「神に身をゆだねる」と「平和」の二つの意味がある）は瞬く間に中東に広まり、ヨーロッパをほぼ制覇しましたが、シャルルマーニュの軍隊によって中断されます。しかし考えてみれば、この大きな運動は、もともと五人の小さなグループから始まったのでした。

時代的に新しいところでは、合衆国政府という民主政治の大きな実験が、委託を受けた人たちの小さなグループによって苦心の後に案出されました。彼らが、この二〇〇年間の猛烈な変化を十分乗り切れるような、安定した順応性のある政治体制を組み立てたのです。このような歴史的な例を見れば、文化人類学者マーガレット・ミードの「思慮深く献身的な市民の小さなグループが、世界を変えられることを疑ってはいけない。それが世界を変える唯一の方法なのである」という発言に同意することができると思います。

集団はなぜ力をもつのか

小さな集団とは何でしょうか。なぜ小さな集団が多くの力を生み出すように思われるのでしょうか。物理学の観点からこのことを調べてみましょう。誰でも磁石の力については知っていますが、その力はどこからやって来るのでしょうか。関係している物理法則はいまだに謎に包まれたままですが、磁性が一つ一つの原子の電気的極性が整列した結果であることはわかっています。磁化されていない鉄片においては、原子中の電子がランダムに動いており、陽極・陰極があらゆる方向に分散しています。しかし、ひとたびこれらの電気的極性が同じ方向に整列すると、磁気的性質が即座に現れます。

同じように、個人の小さなグループが共通の理想に沿って目的を一つにすると、そのグループは力の場を生み出します。この場の強さは、グループを構成する一人一人の誠実さに直接的に比例します。真の整列は口先だけの関心では達成されません。すなわち、本物の献身的な関わりが必要なのです。

一九四〇年六月、ケイシーが世界情勢についてのリーディングを取る際、六四人の人が集まりました。当時すでにヨーロッパや東洋で激化していた戦争のこれからの進展について、たくさんの質問が投げかけられ、リーディングは大胆にも、もしこの六四人の一人一人が平和のための祈りを同時に行い、生活を同じ目的に捧げるならば、戦争の方向に重要な影響を与えることが出来ると断言したのです。そのリーディングは各個人の誠実さが重要であることを強調していました。小さな集団は、メンバーの目的と理想が本当に一致したときにのみ効果的に働きますが、もしそこに意見の不一致があれば、その力は散逸してしまいます。この法則は「相乗作用の法則」と呼んでもいいでしょう。言い換えると、全体には部分の総和以上の力が出るということです。協力して、意図・目的・行動を一つにする各メンバーは、論理的に期待されるよりはるかに影響力の大きい何かを生み出すことができるということです。それはあたかも、あるものより高い源からやってくる何かが、人間の努力の総和に対して付け加えられるように見えます。

集団の力とは何か

あるグループが目的を一致させると、各メンバーのエネルギーが蓄えられることになります。それはピアノを動かす際、たった一人で動かすより四人で動かす方が容易なのと同じであり、心や意志のエネルギーも、協力して使われるときには強められるのです。専門知識や知恵を活発に出し合う集団の一員という立場に置かれたことのある人なら誰でも、小さなグループが考えをいろいろと出し合っているうちに生み出されるある種の知的な創造性についてはわかっているはずです。ある人の洞察がほかの人の洞察を誘発しますから、一人一人の考えを単に集めた場合と比べると、協力し合った場合の方がはるかに素晴らしいものが生み出されるのです。

ある高校のドラマ・コーチは、集団の効果がどんなに素晴らしいものであるかを経験したときの話をしてくれました。それは学校の春の上演に備えて困難なリハーサルをしているときのことでした。彼は演出家として、複雑な振り付け（俳優や女優の舞台上での動き）のある英国の道化芝居を選びました。その芝居では、劇のユーモアを強調するために適当な間をとって、役者が登場したり退場したりする必要がありました。

このコーチは、出演者の学生全員でこの振り付けを実際にやってみるという、特別なリハーサルを計画しました。ところが不幸なことに、どの試みもうまく行きませんでした。彼の計画は失敗でした。想像の中ではうまくいっていた振り付けも、実際に舞台上で演じるとあらゆる問題を引き起こしました。最後に彼は、出演者全員を呼び集めて謝りました。彼はみんなに早めにリハーサルを切り上げるように言い、振り付けプランをもう一度よく練り直すつもりだと伝えました。

ところが生徒たち自身が、もっと練習を続けて、みんなで一緒に振り付けを考えたいと言い出したのです。みんなの言葉に励まされてこのドラマ・コーチは、リハーサルを続けることにしました。しかし、それまでは登場人物を操り人形のようにあちこち動かしていたのをやめて、今度は生徒たちを創造的に参加させるようにしてみました。すると間もなく、全てがうまく行ったのです。リハーサルの終わりまでには、誰もが、創造的な共同制作の結果として生まれた特別なエネルギーを感じていました。この演出者にとって、この劇が大成功を収めたことは驚くべきことではありませんでした。

集団になると、知力が増加するだけでなく、意志の力も強化されます。これは、ケイシーたちが始めたグループによっても説明することができます。それは週単位の学習訓練をするグループでした。研究を応用するのに意志を使うという考えは一九三〇年代にまでさかのぼります。そのグループにケイシーは、霊的な法則についてのリーディングを与えていました。メンバーがリーディングを求めて集まったときでも、ケイシーの言葉は、ときには非常に短いものでした。グループのメンバーが直前のリーディングで与えられた内容を実行するのに失敗していると、その先の情報は与えられませんでした。言い換えると、霊的な成長は考えを聞いたり、それについて話したりするだけではなく、それによって何かを「実行する」ことから得られるということです。

その後、ケイシーの『神の探求』という本を中心に組織されたたくさんのグループでは、この週単位の学習訓練法が極めて重要な要素となりました。グループのメンバーは毎回の会合で、彼らが学んでいることを日常生活に応用する際の方法を決めます。そして次の会合で(通常は一週間後)、自分たちの経験に基づく感想を話し合います。例えば、『神の探求』の一節が、ネガティブな考えをポジティブな考えに入れ替え、全ての人について親切に考え、話すことを勧めているとします。そして会合の終わりに、一つのグループが週の学習訓練にこの一節を選ぶとします。すると、たぶん全員が丸々一週間はもちろんのこと、一日の間でさえ、全ての人に親切に話し、そして考えることがいかに難しいかということを正しく認識することが出来るでしょう。

そして、グループ全員が努力して協力しているという事実自体が、その学習訓練をより達成可能なものにするのに役立つ「集合的な」意志を生み出します。そのグループの意図と献身によって、メンバー一人一人が、その課題を成功させるための内的な精神力を引き出せるようになるのです。このグループの効用を最も活用した印象的な事例は、たぶんアルコール中毒者自主治療協会(AA)の場合でしょう。アルコール中毒患者は、他の苦しんでいる人と団結することによって、グループが生み出す集合的な意志から恩恵を受けることができます。AAが非常に大きな成功を収めたために、この基本的なモデルは、薬物、食物、金銭を含む多くの中毒患者にも応用されています。あらゆる場合に、集団の力が個人の意志を強めるように助けるのです。

集団の力の危険な側面

近年私たちは、カルト集団についていろいろなことを聞きます。そこで、ある未知の集団が現れた場合、多くの人がカルトかそうでないかをすぐに考えると思います。辞書によると、カルトは広義には、あらゆる「正式に設立された信心深いグループ」と書かれています。これはひょっとすると、さまざまな形式をとっている組織化された宗教をも含んでいる可能性があります。しかし、「カルト」という言葉は、最近ではもっと特別な意味を帯びており、集団の力がときにはより利己的で、破壊的な方法で使われるような場合を指します。

この二義的な意味でいうと、あるグループをカルトに変えるものとはいったい何なのでしょうか。あなたは集団の力が、ちょうど磁化した鉄の磁極が同じ方向を向くように、各メンバーの目的や考えが一致することによって生み出されることを思い出されるでしょう。ケイシー・リーディングは、目的の一致が集団の力を生み出すと断言しています。しかし、カルトではこの一致が目的や理想以上のものに拡大されてしまうのです。メンバーたちは、カルトの教義に従って彼らの考えを一致させるように求められます。一般的にカルトには、絶対的な権威を与えられたカリスマ的な指導者とか、一連の「啓示された事実」とかが存在します。この権威を疑うことは異端になり、そのような異端は通常罰せられることになり、ときには肉体的な罰を受けたり、ざんげを強要されたり、隔離されたりして心理的に非難されます。

対照的に、健全な集団では、それが一致を求めている場合でも、個体性を保つように奨励されます。ケイシー・リーディングでは、共通の理想をもつことが出来ると同時に、非常に違った考えをもつことも出来ることをはっきりと述べ、その二つのバランスを慎重にとることに焦点を当てています。一部の人たちの意見では、ケイシーの霊的な情報も、カルトを形作る「啓示された事実」の一例とされていますが、リーディング自体の中で、個人や研究組織による分析的な議論を促し、批判的に検討することを勧めることにより、「啓示された事実」として扱われることを否定しています。ケイシーの資料は、リーディングでも言っているように、「反論したり、議論したり」されるべきものなのです。

カルトの第二の重要な特徴は、外部との接触を避ける傾向があることです。カルトのメンバーは、寄付を求め、自分たちの活動へ人々を参加させるために、通常の社会に戻ってきて活動します。しかし、彼らは部外者との知的・感情的ふれあいについてはいかなる種類であれ、禁止されます。実際にカルトは、そのメンバーに外部社会の恐れや不信感を徐々に教え込むことによって、連帯意識を生み出していくのです。リーダーたちは、「社会は不正や悪意に満ちている。意図的に我々を傷つけようとしている。あなたの抱える問題が起こったのは全て社会の責任だ」と教えるかもしれません。カルトはもちろん、メンバーが必要とするあらゆるものを与えることを約束します。「われわれはあなたを理解し、あなたを守り、大事にする」と約束するでしょう。被害妄想の雰囲気を生み出すことによって、カルトはそのメンバーの忠誠心を確実なものにしていくのです。

それに比べて健全な集団では、一般社会との触れ合いを奨励し、歓迎します。ケイシー・リーディングでは一貫して、広範囲の様々なグループとの関わりをもつよう人々にアドバイスしています。その中には教会や市民団体も含まれています。

何のための力か

あらゆる形の力がそうであるように集団の影響力も、建設的な方向にも、破壊的な方向にも向けられます。アドルフ・ヒットラー、ブッダ、イエス、チャールズ・マンソン、ムハンマド……全員がそれぞれのヴィジョンを実際に行動に移すために、小さな集団の力を使ったわけです。しかし、その結果は全く違ったものとなりました。要は、集団は個人と同じように、犯罪を引き起こす力もあれば、奇跡を起こす力もあるということです。

ケイシー・リーディングではまた、癒しを行う際の集団の力についても力説しています。一九三一年、スタディー・グループ計画が始まったすぐ後に、ケイシーはグループの特定のメンバーたちが別の特別計画――「癒しのための祈りのスタディー」――のために集まっている場面の夢を見ました。夢に促されてケイシーは、実際に「グループ内グループ」を作りました。

このグループは一三年間続き、祈りのヒーリングパワーについて六五件のリーディングを受け取りました。その最後のリーディングは、ケイシーの死ぬわずか数ヶ月前に与えられています。それ以来このオリジナルグループは、「グラッド・ヘルパース・ヒーリング・プレイヤー・グループ」(喜んでヒーリングの祈りのお手伝いをするグループ)と呼ばれ、今も継続している約二四人の集会へと発展していきました。このグループは毎週集まり続け、ヒーリングの祈りを求める人のための水路として奉仕しています。

リーディングは、集団の力の第二の効用として、自己変容という点を強調しています。ケイシーの小さなグループ・プログラムの目的自体は、人間の性質をその最高の霊的な可能性をもつところまでもち上げることでした。それを行うには、「正直に自省すること」と「規律を持続すること」が必要です。一人ではこういった仕事は難しいでしょう。しかし集団意識――すなわち共通の目的を共有しているグループ――によって生み出される集合的な心や意志の力を借りれば、違いを作り出すことができるのです。

私たちは最後には、私たち自身を変容させることによって社会を変化させられるということです。

ケイシーの『神の探求』のスタディー・グループのある一員が、次のように言ったことがあります。「数ヶ月このグループで勉強したら、驚いたことに、私の生活に関わっている人たちが、前よりずっと良く見えることに気づきました」と。言うまでもないことですが、このコメントは、その人自身が変わり、新しい態度をとるようになったことで、世界をより良く感じられるようになったことを意味しています。

ここまで、ある決意をもった小さなグループが、歴史上いかに意味のある影響を与えてきたかを観察しました。歴史を通じて、世界の状態を良くするために何世紀にもわたって地味に働いているグループが、数え切れないほどあります。確かに、これこそ私たち人類にとって、最高の働き方のように思われます。私たちはヒーリングや自己変容のための特別な力を見つけるためだけでなく、お互いに必要だから、集団を形成するのです。この点については次の話をすれば、もっとわかりやすいでしょう。

ある男が牧師のもとにやってきて、「もう教会には来ない」と言いました。彼は、どこにいても、気軽に神を礼拝することに決めたというのです。牧師は我慢して彼の話を聞いたのち、赤々と燃えている暖炉に歩いて行き、一片の燃え残りを拾い上げ、それを炉床に置きました。するとほんの数分の後、その燃え残りは冷たくなってしまいました。その男は立ち上がって言いました。「教会であなたに会うことにします」。

まとめ

まず、家や職場、地域社会においてあなたがすでに参加しているグループを、メモをとってまとめてみましょう。その中から、ヒーリングや自己変容に向けて特に強い可能性をもっと感じられる一つのグループを選びます。もちろん、全てのグループの存在目的がヒーリングや自己変容であるわけではありませんが、その中の誰かがその可能性をもって行動するならば、ヒーリングや自己変容を起こす可能性は存在するはずです。

その特別なグループの努力に対して時間を割くようにします。あなたの全自己をそのグループで働かせるために、あなたがそのグループにとってもっと必要な存在になるには何ができるかを考え、今後、そのグループの一員として、さらに意識的に行動してみましょう。

法則23　神は活動的で、機敏に応えてくれる

「神は死んだ」――一九世紀の終わりにフリードリッヒ・ニーチェは、こう発表しました。一九三〇年代になるとニーチェの主張は、自らを実存主義者と呼ぶ作家、芸術家、哲学者たちによって、全体的な運動へと受け継がれていきました。実存主義者によれば、私たちは自分自身の個人的な努力以外で助けられる方法はなく、神と呼ばれるものがかつては存在していたとしても、ずいぶん以前に人間を離れ、もはや死んでしまったというのです。しかしこの種の否定的な言葉に対して、あなたの魂は何か反発を感じるのではないでしょうか。もし、自分の人生を注意深く観察してみれば、それが確認できるでしょう。そう、神は生きているのです。そしてこれは、単に神が「存在している」というだけでなく、もっと複雑な話です。岩が存在しているのと同じように星も存在しています。両者ともある意味では生きているのかもしれませんが、距離的に遠くにあったり冷たかったりするので、私たちには関係がないように見えるだけなのです。

世界中には神を信じている人がたくさんいますが、多くの人の観念の中では、実際に生きている力としての神と親しい関係をもっているわけではなく、正義と善に対して全能で変わらない力を神と見なしたり、変わらない一途な期待を寄せている遠方の親のような存在として、神を考えていると思います。しかし一方で、このように畏怖の念を起こさせるだけで、本当に生きているとは思え

ないような神を信じるのは躊躇する、という人も多いでしょう。ここでちょっと「創造的な」、「生き生きとした」、「活動的な」、「積極的な」、「すぐに応える」という形容詞で特徴づけられる性質について考えてみましょう。こういった形容詞は、あなたが自分の人生に満足を感じている日々にあるときに自分の状態を表すのに使う言葉ではないでしょうか。これと同じ表現が、生きている神様に対しても、使われるのがふさわしいとは思いませんか。

神はあなたにすぐに応答し、人生に積極的に関わってくる

この中で「すぐに応える」「積極的な」という二つの特徴は、ケイシー・リーディングで神について語っている中でも特に重要なものです。つまり個人の要求に「すぐに応答し」、人間の問題に「積極的に関わってくる」というのです。あなた自身も、神の力と触れ合い、聖なる存在に直接出会うことができるのです。「神がビジネスマンの格好をして夢に現れた」という男にケイシーが言ったように、それこそ、日常の出来事の中で「一緒にビジネスができる」ような生きている神なのです。

人生の神秘をさらによく理解するには、生きている神があなたが必要とするものや、あなたが抱える困難に気づいており、それらに関心をもっていることを認めることでしょう。イエスが「そればかりか、あなたたちの髪の毛もみな数えられている」（ルカ一二・七）、そして、神（羊飼い）は、「自分の羊をそれぞれの名で呼んで連れ出す」（ヨハネ一〇・三）と約束したとき、このことを明言されたのです。しかしこの活動的な神は、単に同情的であるだけではありません。創造的である神

は、イニシアティブ（先導）をとり、個人に対するのと同じように、人類全体に対しても、援助の手を差し伸べているのです。神があなたの人生でイニシアティブをとっているとわかる出来事や状況は、「定期的に」起こっているはずです。ハーマン・ブロ博士はそれを、「神は、自由に世界を飛び回って、愛情に満ちたいたずらを起こしている」と表現しました。

あなたのもつ神のイメージはどんなものですか。たぶんスーパーマン的な存在というより、個人的な関係をもつ、創造的な存在を思い浮かべられるのではないでしょうか。神は一個の人格ではありませんが、非常に個人的な存在なのです。この創造者は人生の荒波を通して、友達であり、変わらない仲間であり、導き、支え、激励してくれる源なのです。

まさに親密な関係こそ、この創造的な力があなたに対して求めているものでしょう。どのようにしたら、神とそのようなダイナミックで活気のある同盟を育むことが、可能になるのでしょうか。

神の存在を立証できるか

生きている神がすぐに応答し、積極的に関わるという根拠は二つあります。一つ目は、贈り物としてやってくるという経験でしょう。必ずしも何かを求めていたわけでも期待していたわけでもないのに、予想もしていなかった経験をして、神の存在の裏づけをチラッと垣間見たことがありませんか。このような状況は、とかく大きな困難の最中に起こる傾向があります。例えば、何かで深く落胆しているときに、ほんの一瞬でも、人生は素晴らしいし意味のあるものだということが突然感じられることがないでしょうか。

証拠の二つ目は、自発的に「神を信じてみよう」と思ってみることでしょう。つまり、薬は実際に飲まれなければ効果は証明されないのです。そして健康になって初めて、効果が証明されるわけです。それと同じように、第一段階としてまず神の存在を信じ、「あたかも」神があなたとともにあり、喜びや悲しみを共有し、支援や導きを与えてくれているかのようにあなたが振る舞うことによって、初めて神の存在を明らかにすることができるのではないでしょうか。

ケイシーのリーディングは、疑い深い人々に対して、時々ある作業を命じました。それは、ある提案があたかも本物であるかのように行動するというものでした。まず、それが本当だと思い込み、その結果をよく観察することによって、ある考えにチャンスを与えるわけです。事実に根ざした提案ならば、この種のテストに十分耐えられるはずです。そして実際、これは意外にすごいことを起こすのです。

この方法で、神は生きており、すぐに応答し、積極的に関わっていると信じてみます。そしてしばらくの間、そういった観点に導かれて、人生を生きてみるのです。こういったやり方をした多くの人々が、やがては十分な真実を見出してきています。もちろん誰にも、神の存在を実験を通して証明することも、あるいは否定することもできません。しかし、ちょうどあなたが自分という意識――自分自身が「存在している」という実感――を経験することができるように、個人的に創造的な力の実在や永遠の存在に出会うことができるのです。ただしそれには、あなたは自分から、第一歩を踏み出さなければいけませんが。

このプロセスは、ザ・キングストン・トリオが広めたフォークソングでも歌われています。それは、ほこりをかぶった井戸、一瓶の水、謎の「デザート・ピート」という人物の残したメモについて歌われた次のような歌です。


ある男が水を持たずに砂漠で道に迷い、古い水ポンプに出会った。

男はポンプを押して水を出そうとしたが、一滴の水も出なかった。

がっかりして近くの木の下に座り込んだ。

すると驚いたことに、彼はそこに一瓶の水と、それに貼り付けられたメモを見つけた。

そのメモはデザート・ピートと名乗る人物からのもので、その一瓶の水はポンプの呼び水用のものであると書いてあった。

「今すぐにも水を飲みたい人がやらなければならないことは、愚かしいことと思われるが、このビンの水を古井戸に注ぎ込むことである。

そうすれば、あなたは飲みたいだけの水を得ることが出来る」

もちろんその男は悩んだ。彼は乾燥しきった井戸に手元にある水を注ぎ込むよりも、今すぐその水を飲みたくてたまらなかった。

最終的にはメモを信じて、枯れ切った井戸に水を注ぎ込むという選択をした。

もちろん彼は水を見つけ出すことに成功し、思う存分に飲み、そして次の旅行者のために瓶を水で満たして立ち去った。

この歌の人物のように、私たちはしばしばのどの渇きを覚えます。そして本当に救ってくれるだけの十分な水があるかどうかと疑うのです。しかし、私たちはまず何かを与えることによってのみ、見つけることが出来るのです。与えなければならないものは、疑うことで得ていた利得です。私たちはこう言わなければならないのです。「私は今、神が私に気づいてくれており、気にかけてくれていると信じることにします。そして、疑う気持ちをひとまず置いて、そう信じる心が私の態度や行動に影響を及ぼすようにしてみます。私はそうやって、神を信じることを『試して』みようと思うのです」

神は何を約束しているのか

しかしながら、「神よ、私にこれを与えてください。そうしたら私はあなたを信じましょう」という交換条件ではだめです。戦争中に敵をやっつけてくださいと祈ったり、干ばつや洪水、銀行の倒産から助けてくださいと祈る人がいます。このように「人生の不幸な状況にあるときには、神は思いやりをもってすぐに反応してくれるはずだ」という信仰があります。困ったときの神頼み的な信仰と本物の信仰とはどう違うのでしょう。神話学者のジョセフ・キャンベルは、本物の宗教の中で、私たちを苦難から救い出してくれることを約束しているものは一つもないと指摘しています。本物の宗教は、どのように決然としてその苦しみを乗り越えていくかを、私たちに教えます。苦しみの中で強さや精神的な支えを見出す方法を示し、それを行えば、苦しみの最中に内面的な平和を得られることを私たちに約束しているのです。つまり、苦しみから逃がしてあげると約束しているわけではありません。

苦しむことは人生の一部分です。もし私たちが、「創造主が苦しみから守ってくれるなら、その存在を信じよう」と思っているならば、私たちは人生の本質、そして試練や苦難の内に存在する創造的な力というものを誤解していることになるでしょう。では、次のような単刀直入な質問はどうでしょう。

「神を信じることが何の得になるのか。どうして神を気にかけなければいけないのか」

もし神、すなわち創造的な力が、全ての命の源であり、本質であるならば、神はあなたの命であり、私の命の本質であり、源でもあることになります。神は命そのものなのです。言い換えれば、神とは、あなたの存在を知ろうとさえしない委員会の委員長や会社の社長とは全く違うものです。それどころか神は、あなたの血管の中を流れる血液やあなたの呼吸する空気、あなたが夜見る夢の編成者のようなものです。創造的な力は内在するものです。それはあなたの経験の全てに存在しているものなのです。聖書の詩篇の作者は次のように言っています。

「曙の翼を駆って海のかなたに行き着こうとも

あなたはそこにもいまし
御手をもってわたしを導き
右の御手をもってわたしをとらえてくださる」（詩篇一三九・九～一〇）
またイエスは次のように言っています。
「ただの一羽も、あなたたちの父の許しがなければ、地に落ちることはない」（マタイ一〇・二九）

神はあなたにどのように関係しているのか

神はあなたに気づいており、あなたに関心があるばかりでなく、あなたの人生に積極的に働きかけています。マタイ福音書一八章一二節でイエスは、道に迷った羊のたとえ話を語っています。

「羊飼いが一〇〇頭の羊を飼っていて、そのうちの一頭が迷い出たとすれば、その羊飼いは、九九頭の羊を残して迷った一頭を探しに行くだろう」

神――すなわち、宇宙意識、創造的な力――が、私たちとの関係を率先して導いているのです。もし私たちが注意深く見守り、観察することを学ぶならば、自身の経験の中にこの証拠を見つけることが出来るはずです。

あなたがある特定の問題に取り組んでいるときに、そのときにあなたが必要としていたアドバイスや情報をもっている人物――その人物はあなたが取り組んでいる問題については何も知らないはずです――に「偶然に」出会ったことはありませんか。これまでに、友達や親戚が苦しんだり困ったりしている夢を見て、その人物に電話をかけたり訪ねてみたら、その人は本当にあなたを必要としていた、ということはありませんか。あるいは、あなたをこれまでとは全く違う興味や活動分野へと導いていくような本や雑誌の記事に「偶然出会った」という経験はないでしょうか。

そのような経験は、神、すなわち宇宙が、「偶然の一致」を通して、大きな衝撃をあなたの人生にもたらす人物や考えにあなたを遭遇させ、支援の手を差し伸べていると見ることもできます。これらを、神の恩寵《おんちょう》や親身になって世話を焼く宇宙の慈悲行為の一例と言うことはできないでしょうか。

このような意味のある「偶然の一致」を表す言葉として、カール・ユングは「シンクロニシティ」(共時性)という用語を用いています。

かといって、神をマスター・コントローラー(支配的な管理者)のようなものだと言うつもりはありません。どこかの巨大コンピューター・ブースに座って出会いを設定し、縁組みをし、雷を落とし、はたまた彼や彼女を一目ぼれさせるお節介をするようなものでもありません。そのようなイメージは、神の存在を遠ざけ、脅迫的なものにさえしてしまいます。そうではなく、私たちが想定しているのは、身近に存在する非常に個人的な神であり、私たちの人生に積極的に関わりはしますが、決して専制的な存在ではありません。この「生きている神」という概念を理解するときの助けになるのが、東洋的な考え方です。

神をあらゆる創造物の本質的な統一体として、人間の形をせず、あらゆるものに変化するものとして見て、物質やエネルギーの世界だけでなく、時間の世界も含めて現象界の全ての現れの陰にある「生きているスピリット（霊）」と考えてみます。この、あらゆる方向に広がった本質に対する言葉がタオ（道）です。これは、人生の「正しい流れ」とか「適切なバランス」を意味します。別の言い方をするなら、神とは調和やバランスを求める力なのです。もし私たちが自由な行為者として、自分たちの生活にアンバランスな状態を作り出すなら、神のもつ調和がとれている流れが、バランスを取り戻させるような経験を私たちにさせるでしょう。それは、マスター・コントローラーのような存在が雲の上から私たちを見下ろして、「これはひどい、恥を知れ」と言ったりするからではなく、神そのものである命が、バランスと美と調和を求めるからです。

しかし、神は補償以上のことも行います。言い換えれば、神は単にあなたの行動の埋め合わせをするだけではなく、あなたを含めて全ての創造物のあらゆる部分の計画や設計図をもっているということです。この計画に基づいて命は、あらゆる可能性を十分に発揮するのに必要な経験をあなたにもたらすのです。東洋の哲学では、「生徒の準備が出来たとき、先生は現れる」とされます。この場合の先生とは、ときには人物であり、ときには本であったり、映画であったりと、様々でしょう。それはその人が置かれた状態によって異なります。

神――すなわち命――は、あなたがちょうどその瞬間必要としているものを、もたらしてくれるのです。あらゆる瞬間が学びのチャンスであり、意識的にしろ無意識的にしろ、創り上げられたアンバランスな状態を正すための好機なのです。さもなければ、あなたの可能性や目的をさらに明確にするための好機であるかもしれません。どちらの場合においても、神は非常に意図的にあなたと交流しているのです。神はあなたを心にかけ、人生の一瞬一瞬において、ともに働いている存在なのです。

神はあなたとの関係におけるイニシアティブを握っていて、命の道に沿って支援するような人々・出来事・経験をもたらしてくれるのです。

次々と「偶然の出来事」が続く

次々と災難が続くことによって、一人の男がどのように人生最大の宝物を探し出していったかを描いた物語があります。その男はその時期、非常に困惑し、不幸せな状態にありました。カレッジの演劇学科を卒業し、恋人とも別れてから一年後、中西部の小さな町で、七年生クラスに国語を教えながら、憔悴しきった毎日を過ごしていました。友達からも数マイル離れ、アパートの二階に独りぼっちで住んでいました。それはまた、夢を実現するチャンスからも遠く離れていることを意味していました。

ある日彼は、七年生クラスの学生たちを、彼の卒業したカレッジへ見学に連れて行きました。ちょうどそのとき、運命は動き出したのです。カレッジ時代のクラスメートに偶然出会い、その友人はある場所の住所を知らせてくれました。そして、「この男に手紙を書いてごらん。彼はその大学の演劇学科の責任者で、いま奨学生を募集中だよ」と言いました。

若者は、その友人の指示に従って行動し、オーディションを受ける機会を与えられます。オーディションが近づいたある日、理由はわからないのですが、何となく学校にいるより家でお昼を食べたくなりました。そういったことはよくあることでしたが、椅子に座ってオレンジを食べていると、電話が鳴りました。感じの良い若い女性の声が、オーディションの日時が変更になったので注意するようにと告げました。彼らは非常に楽しい会話をし、その後数日間、彼は彼女の顔をあれこれ想像している自分に気づきました。

さて、オーディションの日。彼はうまく演技することができ、運良くそのプログラムへの参加を認められました。二年間、彼はその分野での最高のアーティストとともに学ぶことができたのでした。あの電話で話した声の女性も生徒になっていて、卒業後彼らは結婚し、続く一五年間、その演劇プログラムをともに経験しながら、二人の生活を築いていきました。このように、偶然の一致が次々と起こったかのように見える事柄は、彼の人生においては意味深い結果をもたらしたのでした。

このように全くの偶然だと思っていた出来事や出会いが、あなたの人生の旅においても、極めて重要である場合がなかったでしょうか。それは、あなたの命の領域内で働いている〝神の手〟と見なせるのではないでしょうか。

神はあなたを名前で呼ぶだけでなく、ドアを開け、そのドアからあなたを手招きし、そして「私についていらっしゃい。私たちにはする仕事があるのです」と言ってくれるのです。

まとめ

これは主に、あなたの知覚力を広げるための練習問題です。通常では気づかずにやり過ごしてしまう、自分に影響を及ぼす物や人に気づくようになることを目指しています。あなたの内部や外部の世界を、もっと注意深く観察するように努めましょう。生きていて思いやりのある神、率先してあなたを導いてくれる神の微候を期待して、待ってみましょう。例えばそれは、あなたを助けることのできる人物との「偶然の、ちょうどタイミングの良い」出会いをするという形で経験されるかもしれません。あるいは、いつもだったら見過ごしてしまうような兆候かもしれません。

寝ている間の経験である夢にも、特別な注意を払ってみましょう。生きていて思いやりのある神は、夢を通して直接的・象徴的に導きを表現するものです。そして、霊的な世界からこのような微候が訪れたことをあなたが認めたなら、それらに反応し、物質世界でそれらを実際に使用するように努力してみるのです。神が何をするように求めているのかにもっと気づけるようになって、創造的で建設的な方法を、見出してみましょう。

法則24　神の恩寵《おんちょう》は求めさえすればあなたのものとなる

これまでに、生々しい悪夢を見た後で目が覚めて、「ああ助かった。夢だったんだ。神様ありがとう」とあえぎながら言った経験はないですか。もしあるなら、あなたは恩寵を受けるという感覚を知っており、悪い状況から救い出され、助け出される感覚を知っていることになります。

救いはたくさんの異なった形でやってきますが、「恩寵」という言葉は、神との関連において使われます。今日《こんにち》、多くの人は、何か魔法のような出来事が自分たちを困難から連れ出して、適切な秩序を回復してくれることを求めていますが、それは、鉄砲水に襲われた男の話に似ています。

彼は非常に深い信仰心があり、神が救ってくれることを確信していたので、家の屋根によじ登り、神の恩寵を待っていました。水はじりじりと上昇し、ボートに乗った救助人がこぎ寄って来て、彼に乗るように勧めましたが、「いいえ、結構です。神が私を助けてくださいますから」と断ったというのです。約一時間後、水が軒の上まで上昇したとき、別のボートに乗った人がやってきましたが、自分の信仰を確信していた彼は、再び「いいえ、結構です。神が私を助けてくださると信じていますから」と断りました。二時間後、彼は荒れ狂う流れの中に足が浸かりながら、煙突にしがみついていました。ちょうどそのとき、ヘリコプターが彼のもとへ梯子をおろしました。しかし彼は、神が信仰心を試しているのだと信じて、またもやヘリコプターに乗船することを頑なに拒んだのです。

結局、彼は洪水に押し流され、溺れ死んでしまいました。

天国の門で目覚めた彼の魂は、「なぜ私を助けてくれなかったのですか」と聖ペテロを非難しました。すると聖ペテロは激怒して、「助けたとも！　何度も。汝に、二艘の船とヘリコプターを助けにやったではないか！」と答えたというのです。

この物語の男は、恩寵の来方を固定した考えで期待していたため、愚かな行いをする結果になりました。しかし、ここまで極端でなくても、私たちの多くも、神の介入に対して実は同じような期待の仕方をしているのではないでしょうか。もちろん今日、恩寵について議論する場合は、肉体を救うことより魂を救うことが対象になっています。しかし、考えることと想像することは同じです。

例えば、「もし私がイエスを信じるならば、私の魂は救われ、地獄の業火に焼かれる必要もないだろう」とあなたが言う場合、ここで触れられている魂は、単に肉体が投影されたイメージに過ぎません。果たして、これが恩寵の真の姿なのでしょうか。

クセルクセスを崇めること

ケイシーの資料の中でも、最も興味をそそる話題の一つが大ピラミッド内の構造を象徴的に説明したものでしょう。それによれば、ピラミッドの構造は人間の霊的な進化を象徴的に表しており、王の間と呼ばれる中央の部屋に通じる長い通路（大回廊と呼ばれる）は、ピラミッド建築後の数世紀の間に起こりそうな事件を、時刻表的に予言しているとされています。特定の印と構造は、歴史的な出来事と新しく発達する意識の始まりの両方に対応しているというのです。

例えばケイシーは、大ピラミッドのある部分を、イエスの誕生の予言であると同定しています。しかし一方で、ケイシーはその部分を「意識の変化」という言葉で表しています。その変化について、彼は「クセルクセスが解放者としてユダヤ人を助けたときが分岐点であった」という謎めいた言葉で関連づけています。

このなんともわかりにくい言葉を理解するためには、聖書に書かれた歴史を知る必要があります。クセルクセスとはペルシャの王であり、ユダヤ人をバビロンの捕囚から解放したキュロス大王の子孫です。クセルクセスは、旧約聖書エステル記で異彩を放つ人物であり、そこではアハシュエロスと呼ばれていました。この聖書の物語でクセルクセスは、ハマンによって計画された大量虐殺から彼の王国のユダヤ人たちを救ったのです。

ではなぜケイシーは、キリストの降臨をクセルクセスに対する崇拝からの離反と関連づけて話したのでしょう。それはイエスが、救出という意味の新しい解釈を象徴しているからです。この新しい観点では、恩寵は、私たちを不利な立場から救出するために、機械に乗った神のように降りてくるわけではなく、天上界の階段からこぼれ落ちてくるわけでもないのです。恩寵とは、私たちの内と外の両方からやってくる新しい意味を帯びる何かなのです。

失われた福音書からの言葉

トマスの福音書は、イエスが話したとされる言葉を集めたものです。二世紀に起源をもつというこのギリシャ語で書かれた文書の断片が保存されていました。一九四八年、他の文書とともに、完全な原典がナグ・ハマディとして知られるエジプトの地域で発見されました。この本に書かれているイエスの発言の多くは、他の福音書にも同じように見出すことができます。例えば、「収穫物は多いが、労働者はわずかである」とか「自分の大きな欠点には気づかないのに、取るに足らない欠点を他人に見出す」といったものです。

しかし、こういった馴染みのある発言とともに、イエスは、あらゆる創造物に埋め込まれている霊的象徴である神の存在とともに行動しているという記述があります。

「一本の薪を割っても、私はそこにいる。一つの石ころにも、そこに私を見出すであろう」とイエスは言います。

本の後半で、弟子がイエスに「王国はいつやってくるのですか」と尋ねると、イエスは神の王国についての新しい考え方を与えています。「ただ待っていて得られるものではない」、「伝えられていることとは違い『ここにすでにあるのだ』。父の王国は地球上にあまねく広がっており、あなたたちがただ気がつかないだけなのである」と。

幾節かは、私たちがすでに知っていたり、馴染みのものと同じですが、ここではもう少し手が込んでいます。例えば、トマスの福音書でイエスは「王国は、あなたの内側にあり、外側にある。あなたが自分自身を知るようになれば、あなたは知られるようになり、あなたが神なる父の息子であることに気づくであろう」と。

新約聖書の福音書と比べると、トマスの福音書は、傾向としてヨハネの福音書に最も似ています。両書とも、強い霊的象徴としての特徴をもち、イエスの恩寵を、クセルクセスの「情け深い専制者」的なイメージとは全く異なった言葉で記述しています。

これらの節で表現されている恩寵は、意識の変化、すなわちあらゆる命に神が存在することに目覚めることを通して、明らかにされるのです。恩寵を経験することは、新しい視点で見ることです。ちょうどあの賛美歌で「かつて闇に閉ざされていた心の目も今では見えるようになった」と断言しているように……。

私たちは恩寵の目を通して、何を経験するのでしょうか。私たちは創造主の本質的なやさしさを見ますし、感じます。また、個人的に、ありのままの私たちが知られており、また愛されていることに気づきます。この認識は同時に、私たちが見出され、再び故郷に戻り、命の源と再びつながるという感覚をもたらしてくれます。私たちは恩寵を通して、神は至る所に、あらゆる状態に、あらゆる経験の中に存在していることに気づくようになるのです。まず私たちは、恩寵を通して、私たちの内にある涸れることのない命の源泉に気がつくでしょう。恩寵とは、命と癒しの神の贈り物であり、肉体的・精神的・霊的に絶えず私たちに元気を快復させてくれる贈り物なのです。

アンネ・フランクの証言

一九四二年七月六日、オランダのアムステルダムにアンネ・フランクという一三歳の少女が、家族とともに隠れ住んでいました。アンネは、ナチのユダヤ人迫害から逃れて、二五ヶ月もの間、運河沿いの道に面した倉庫の上の部屋に、八人の人たちと一緒にこっそりと隠れていました。監禁状態で、必需品の欠乏と恐怖感の中、神経をすり減らし、家族とのこぜり合いも毎日のように起こりました。結局、オランダが解放されるほんの数ヶ月前、ついにこの一家は発見されてしまい、アンネの父以外は全員、ナチの死の収容所で非業の死を遂げました。この話における神の恩寵とは、いったいどこにあるのでしょう。確かに最悪のその日に、神は現れませんでした。しかも、罪のない人が苦しみ、犯罪者の手で殺されたのです。にもかかわらず、私たちは恩寵が地下水のように流れているのを見つけることができるのです。

彼らが隠れている間、アンネは日記を書くことに多くの時間を費やしていました。この日記は奇跡的に逆境を切り抜けて残り、その後世界中の数百万もの人々に読まれ続けています。私たちは、彼女の言葉を通して、アンネの中の神に対する強い感受性だけでなく、彼女が未来に対して確固とした希望をもっていることに気づきます。一九四四年三月七日、アンネは彼らの苦難について書いています。「私はどんなときでも、美しいものは残されていることに気づきました。自然における太陽の輝き、あなたの心の中にある自由……。こういった全てはあなたを助けることができます。このようなものを発見してご覧なさい。そうすれば、あなたは再びあなた自身や神を見出します。そして、あなたは再びバランスを取り戻します」。

一九四五年三月、アンネはバーゲン・ベルセンの強制収容所で発疹チフスのために亡くなりました。驚くのは、ある生存者が、アンネの最期について、「彼女は何も悪いことは起こらなかったと感じながら、穏やかに死にました」と当時を思い出しながら語っていることです。アンネの物語は、恩寵の力に対する感動的な証言となっています。最後の最後まで続いた悪夢の間、彼女は希望と勇気の精神に支えられていたのです。そのうえ、彼女が秘密の隠れ家で書いた気取らない言葉が、世界中の人々の感動を起こすことになったのです。

カルマと恩寵

若い教区民と極めて抽象的な議論をしていたある教会の牧師が、「私は輪廻転生の考え方が、恩寵の重要性を軽視しているように思えるので、この考えに困惑しているのだ」と言いました。彼の考え方にも一理あります。というのも、輪廻転生の考えを歓迎する人の多くが、この考えを、一種の「自力の救済手段」と考えているからです。言い換えると、彼らは人生の目的とは、単に彼らが前世で背負い込んだ悪いカルマを解消するためであると考えているのです。そうすることで自分の問題を解決し、清らかな状態で天国へ入る権利を得ることだと信じているわけです。

しかしケイシー・リーディングは、輪廻転生に対して異なった見方をしています。もちろん、輪廻転生の考え方が、スピリチュアルな生き方を理解する際に、重要な要素となることは確かですが、だとしても、恩寵に取って代わられるわけではないのです。では、恩寵は輪廻転生の考え方と、どのように調和するのでしょうか。それを見るために、私たちはまず、カルマのもつ意味を理解する必要があります。

一つの方法は、カルマを魂の深い記憶として見ることでしょう。例えば、今生《こんじょう》での肉体の状態は、前の受肉の際に行った何らかの魂の記憶に起因すると考えられるかもしれません。習癖も、カルマがどのように働くかを理解する有用な方法の一つです。私たちが輪廻転生を信じようが信じまいが、習癖は誰でももっています。ケイシー・リーディングでは、カルマとは、多くの前世からも ち越されてきた考えや行動の習慣的なパターンであると指摘しています。親なら誰でも、子供たちが生まれたときからそれぞれ異なった性格を示すことを知っているでしょう。これらの特性はいったい何によってもたらされるのでしょうか。

カルマとは、単に私たちの目に見えない魂のパターンだと言えます。私たちの魂の記憶や習慣的なパターンのうちのあるものは、神の目的と一致しているかもしれません。あるいは、利己的なやり方で自由意志を用いたために、神の目的と対立する場合もあるでしょう。さて、では恩寵とは何でしょうか。それは、私たちの現在の魂の設計を、さらに神の性質と一致したものに変化させるための機会なのです。別の言葉で言えば、私たちは恩寵の影響を通して、創造主とさらに近しい関係へと高めることが出来るということです。

ケイシーのリーディングを受けたある女性は、イエスが地上に生きていた当時、ヘロデ王の妻であったと言われました。現在の人生では、その女性は財政的な困窮や人々の憎しみを受けるなど様々な労苦に直面していました。極めて抽象的な話題をよく理解した彼女は、このネガティブなカルマ・パターンをどのように扱ったらよいか、とケイシーに尋ねました。それに対するケイシーの答えは、彼女に対するだけでなく、私たち全てに対するものでした。その選択はあなた自身がするものであるとケイシーは言ったのです。

あなたの人生は、あなた自身が多くの過去の転生において作り上げたパターンによって支配されることが可能だけれども、もしあなたが、キリストの作ったパターンに従うならば、あなたはもはや自分の作ったカルマに悩む必要はないとケイシーは述べたのです。なぜなら、もしあなたが、キリストを全面的に信じるならば、キリストがあなたのカルマに置き換わるからです。

「彼」とは誰であろう

ケイシー・リーディングの神学体系は見事なものであると言っていいでしょう。その神学体系は、人種、肌の色、信条、宗教に関係なく、あらゆる人類と個人的に結びつく普遍的な神について述べているのです。しかし、リーディングは、イエスの生と死、そして復活を単に歴史的な事実としてのみでなく、宇宙的に重要なことであるとしています。彼の個人的な意志を創造主の意志と完全に合わせることで、イエスは「神人合一」という新しい始まりを実現させました。この合一によって、並外れた魂は、死後、彼の肉体を再び物質化することさえできたのです。さらにイエスが確立した「ワンネスという魂のパターン」は、今日でも、全人類の霊的な発展に影響を与え続けています。

ひとたび達成された神とイエスとの再合一は、全人類の魂と共鳴を始めました。もちろん個人レベルでは、この波動に抵抗し、自分のカルマのパターンによって生き続けることもできます。しかし、キリスト意識は、全ての人々の心をノックし続け、進んで優しさと思いやりの人生を歩み始めるように人々を変え続けているのです。

この観点に立てば、救世主イエスの恩寵は、キリスト教の信者に限らず、愛や利己主義で心が形作られているどのような人類に対しても自由に与えられます。キリストはそのような心の中に生きており、ユダヤ人、仏教徒、イスラム教徒、それ以外の異教徒の内にも存在するのです。

活動している恩寵

恩寵は私たちが理解しているよりはるかに手に入れやすいものです。ストレスに悩まされている一人の男性に対して、毎日ほんの三〇秒から六〇秒の瞑想をすれば、彼自身の内部にある強さや活力と接触することができるとケイシーは約束しました。これこそ、私たち全てがいかに容易に神の恩寵に近づくことができるかということの証明になります。恩寵は自由に与えられますが、しかし、それは私たちが他人に恩寵を与えているときのみの話です。恩寵とは、私たちを変容させる神の愛ですが、この錬金術的な過程は、私たちが仲間である人類に対して思いやりや関心を向け、私たちを通して愛が流れるまでは活性化されません。つまり、もし私たちが恩寵を得たいと願うならば、他人との関わりにおいて、思いやりをもって生活をする必要があるということです。

私たちはたぶん、まだこれから経験する多くの人生（転生）で、自分自身と全人類がゆっくりと変容していくことに関与していくのでしょう。確かに、その過程は苦痛を伴う長いものに思えるかもしれませんが、人間が住んでいるこの残酷で、表面的には不公平な世界においてさえ、愛の力ははっきりと存在しているのです。愛の力は、寛大で許す心をもって、世界の不正行為に立ち向かう力強い勇気を出させてくれることは疑いようがありません。人というのは、簡単に逃げ出したくなるものです。しかし、ことわざが言うように「柔和な対応は怒りを静める」のです。次の寓話は、恩寵が、時が経つにつれてどのように働くかを述べたものです。

田舎の小さな村で、トムと弟は、ヒツジを盗んだ罪で有罪の判決を受けました。二人とも罰として「ヒツジ泥棒」を意味するSTという頭文字の焼印を額の上に押されました。友人は遠ざかり、近所の人たちからは嘲笑され、二人の兄弟はその不名誉にすっかり圧倒されてしまいました。トムの弟は、ついに耐え切れなくなり、その恥から逃れたいと願い、自分の持ち物をまとめて別の村へ移って行きました。しかし、額の上の焼印はどこへ行っても彼らから離れず、すぐに人々に知られ、うわさや悪口に再び苦しめられ始めました。その結果、弟は村から村へと何度も何度も引っ越しますが、隠すことのできない額の焼印とその過去はいつまでも彼のことを追いかけてきました。

一方トムは、自分の地域社会に留まり続けました。最初の頃は彼が町を歩くと、彼を避けて道を横切ろうとする人もいましたが、一方でわざわざ彼に新たなあざけりを加えるために、わざと彼の行く手を阻もうとする人もいました。しかし、トムはただ黙々と彼の生活を続け、そして見つけ出したどのような仕事や社会的な接触の機会をも見逃さず、敬意と心配りをもって一所懸命大切に育んだのです。最後には嘲笑っていた人もそれに飽き、トムの不名誉な出来事も、彼が何度も何度も自分が穏やかで誠実な人間であることを示すにつれ、徐々に忘れ去られていきました。

トムは老人となり、その地域社会では賢明な年配者として愛され、尊敬されるようになりました。額の上のSTという文字も、彼の親切な顔に刻み込まれた年輪の皺と交じり合って見分けがつかなくなりました。トムが亡くなったとき、村中の人たちが最後のお別れをしに彼の葬式にやってきました。群衆が墓地から散会したとき、一人の村人が友人を振り向いて尋ねました。「ところで、トムじいさんの額のSTという意味が何だか知っているかい」。すると友人は答えました。「さあ、知らないなあ。聖トーマス以外には考えつかないけどな」。

まとめ

問題を解決するやり方は、型にはまりやすいものです。そこで、あなたの予想を変えることに焦点を合わせてみましょう。

まず、人生の中で特に困難な状況の一つを選んで、新しいやり方で立ち向かうように試みるのです。干渉することで危急を救うとか、正常な状態に奇跡的に戻すために外部からの影響を期待したりしないで、恩寵を「心の内部の出来事」として経験するのです。この変化を経験する一つの方法は、あなたが許したり、寛大であったりできることは何でも実行してみることです。その際、恵みに満ちた優雅さで行動するようにしましょう。そうやって、その困難を理解するための新しいやり方を経験するのです。

訳者あとがき

最初に、私にこの素晴らしい本を翻訳する機会を与えてくださった、日本エドガー・ケイシーセンターの光田秀会長、たま出版の韮澤社長、神（宇宙エネルギー）に感謝いたします。この本には、素晴らしい宇宙の霊的な法則の実例が満載されています。さらにここで、私が考えもしなかった不思議な体験をお話しすることが、ケイシーや霊的な法則を理解する一助になると考え、ご紹介いたします。

私とエドガー・ケイシーとの出会いは、一九八六年、シャーリー・マックレーンの『アウト・オン・ア・リム』──多くの人を精神世界へ導いた本として有名です──を読んだときのことでした。その際、シャーリーを精神世界へと導いたケビン・ライアーソンにも惹かれ、私も彼のチャネリングを受けたいと思いました。それは、当時中学二年生だった娘が、私立中学入学後に記憶障害を起こし、学校生活についていけず、今自分が言ったことも覚えていない状態だったからです。

学校では家庭の問題だと言われ、精神科でも異常は見つかりません（記憶力の検査法などありませんでした）。区の教育相談でも、お役に立てないと断られました。原因も治療法もわからず、私は全く途方に暮れていました。二人の息子が大学に、娘が中学に入ったのを契機に、二〇年余り続けていた科学技術情報センターの英語文献抄録の仕事をやめ、大手の翻訳会社の仕事を始めたところでした。懸命に娘の勉強を見てやっても、相変わらず娘は少しも覚えられません。私が本格的に仕事を始めたのも一因かと思い、結局一切の仕事をやめました。どこにも相談する場所が見つからず、娘が人並みの生活が出来るようになるまで、私自身が原因と解決法を探らなければならないと悲壮な決意をしました。

まず、私の育て方が問題だったのかと考え、カウンセラーに相談し、結局私自身もカウンセラーの資格を取りましたが、解決しません。次に、臨床心理学や健康心理学も、数年間学びました。心理面だけでなく、環境を整え、健康や脳に良いという食事にも心を配りました。できるかぎりの努力をしましたが、記憶力の回復は、遅々としています。ところが、娘が高校三年の一〇月、急に大学に進学したいと言い出しました。しかし、当時娘は、学年で最低成績のクラスに入っており、英語の偏差値二〇では、どこの大学も無理だと思えました。特に翌年は、受験人口が最も多い年代にあたりましたので、浪人したとしても合格できるとは思えませんでした。

当時の私は、あらゆることに自信を失っていました。大学で応用物理を専攻し、理化学研究所に研究者として籍を置いていたこともある私には考えられなかったことですが、学校や塾の先生と相談するとともに、初めての経験として、二人の霊能者にも相談することにしました。

全員が浪人を勧めてくれました。特に霊能者の一人が、翌年の九月か一〇月に娘に転機があり、二〇歳から彼女の本当の人生が始まること、さらにある意味では私より能力があり、二五歳くらいからは私を助けてくれると言うのです。半信半疑でしたが、本当に奇跡が起こってしまいました。

九月に娘が見つけてきた胎毒を出す療法のおかげで、約一ヶ月後、記憶力が回復し始め、大学に二つも合格してしまいました。奇跡としかいいようがありません。そこで、彼女の記憶障害の原因が、小学校六年のときに受けた手術の際の全身麻酔による麻酔事故ではないかと思い当たりました。

その後、波動の検査でも、脳の海馬に大量の残留麻酔が指摘され、今では麻酔事故だったと確信しています。しかし、それも意味があることだったのです。この話はさらに不思議な物語へと展開していきます。

その後も、娘の中・高時代の記憶が欠如したままであることなど、親としての不安は消えませんでした。しかし、無事大学の国文科を卒業し、さらに図書館司書、第二種情報処理の資格を取得し、現在ではウェブ・デザイナーとして、仕事をしています。娘が一人で歩き始めた段階で、私自身の生き方を考えようとしました。

しかし、そこには娘のことで心身のエネルギーを使い果たし、自分を喪失し、喜怒哀楽の感情や生きる意欲さえも無くしている自分がいました。当時の私には、人間のどんな欲も素晴らしく思えました。心身のバランスも崩し、自分が死ぬまでどう生きたらよいのか、全くわからなくなっていました。私は人一倍生きることを大切にしていた人間のつもりでしたが、何一つやりたいことがありません。何にも興味を抱けないのです。これではだめだと思い、翻訳の学校でノンフィクションのコースを取ることにしました。たとえ勉強したからといって、それが役に立つとは思えませんでしたが……。

しかし、一〇ヶ月ほど経った頃、あのケビン・ライアーソンの個人チャネリングの案内が届きました。早速申し込みました。平成七年七月七日――忘れもしません。前日までの台風による荒天とは打って変わり、雲一つない青空の下、朝一番のセッションでした。ケビンがトランス状態に入るとすぐに、現れたスピリットが「しばらくでした。エジプト時代、私たちは仲間でした」と挨拶しました。チャネリングはさらに進み、私に「心と身体と魂の合一」についての本を書きなさいと勧めます。しかし、当時自分に何一つ自信も確信ももてず、思考力も散漫で、生きる意欲さえ失っていた私には、全く考えられない話でした。毎日ただ生きるだけでも精一杯で、本を書くなど妄想にしか思えませんでした。最後にケビンは、日本エドガー・ケイシーセンターに私の魂の仲間がいるから連絡を取るようにと勧めました。

当時、霊的な内容について真面目に話し合える身内や友人は皆無であり、本当に孤独でした。早速センターに連絡を取ると、送ってきたパンフレットに翻訳スタッフ募集中の文字があり、それ以来翻訳のお手伝いをしています。またその後、『神との対話』のニューズレターの翻訳や「アガスティアの葉」の代行翻訳のお手伝いもしました。

ケビンのチャネリングは、その後娘とともに平成八年、九年と続けて受けました。三回目は、スピリットが話し残したことがあると、無料で機会を与えられました。それによると、西暦一世紀、ギリシアの学者だった私がエジプトに渡り、そこで一人のヨギから意識についていろいろと教えを受け、思想的に大きな影響を与えた本を書いたといいます。そのヨギが、現在の娘であり、私に昔学んだことを再び思い出させ、学ばせることが彼女の今生での最初の仕事だったというのです。そして、私に本を書きなさいと再び勧めます。

もちろん私は過去世のことなど覚えていませんし、ことの真偽はわかりません。しかし、娘が記憶障害となり、誰一人娘を理解し、サポートできない状態で、私の力で何とか社会生活を営めるようにしなければという義務感から、必死に学び、努力したことは事実です。さらにケビンは、娘のことを公表することが、多くの人に役立ち、勇気を与えることになるといいます。娘も自立して歩き始めた現在、こういった形で公表できるのは、本当に不思議な気がします。全ては偶然ではないのでしょう。

人は何のために生きるのか──。私もどん底まで落ち込みましたが、今ではどのような経験も、意味なく、価値のないものはないと思えます。あきらめずに、それを乗り越える最善の努力を続けていれば、必ず新しい展開が現れます。私も娘のことがなければ、霊的な世界との出会いも経験せず、この素晴らしい本を訳すこともなかったでしょう。あの辛かった娘の経験も、今では恵みであったと心から感謝できます。魂は永遠に生き、神との共同創造者としてこの地上で学び、経験するために転生しています。それを受け入れると、人生観も大きく変わります。

また人間は一人で生きているのではなく、霊的な力──「サムシング・グレート」──は、私たちがこの世で生活している間、常に私たちに力を貸そうとしています。この本を訳しながらも、度々それを感じ、この本も私一人の力で訳したとは思っていません。この本には、明日に向かって、素晴らしい社会や個人の生き方を創り出すための知恵が詰まっています。多くの人に読んでいただき、役立てていただきたい本だと思います。

なお、一つお断りしておきたいのですが、この邦訳版では、日本の読者にとって読みやすい構成にした方がいいだろうということで、たま出版の韮澤社長の助けをいただいて、原書とは「法則」の並べ方を変えてあります。また、日本の読者には冗長で読みにくいと思われるところは――内容には影響を及ぼさないように注意しながら――適宜削除させていただきました。その点を踏まえて、お読みいただければと思います。

最後にいろいろと助言を頂いた光田さん、野尻さん、主人に感謝します。

訳者

AREについて

エドガー・ケイシーのリーディングを研究および普及する目的で一九三一年に設立された財団で、本部は米国バージニア州バージニアビーチにあります。全米ならびに世界各国においてケイシーのもたらした情報の普及につとめており、ホリスティックヘルス、輪廻転生、夢、瞑想、哲学などさまざまな分野に関する啓蒙活動を行っています。AREの会員になると、会誌Venture Inwardやリーディング抜粋集などが送られてきます。ARE本部にはエドガー・ケイシーのリーディングをすべて収めたライブラリーや、超心理学関係の蔵書五万冊を越える図書館、瞑想ルームなどがあり、誰でも利用できるようになっています。

A.R.E
67th St. and Atlantic Ave.
Virginia Beach, VA 23451
U.S.A.
URL: http://www.edgarcayce.org/

NPO法人　日本エドガー・ケイシーセンターについて

米国AREの正式な認可を得て一九九三年に設立された団体で、AREの日本支部として、日本におけるエドガー・ケイシーの業績の普及や啓蒙活動を行っています。日本各地でエドガー・ケイシーに関する講演会やセミナー等を開催しています。オープンな会員制を取っており、会員になると会誌ワンネス（Oneness）やニュースレターなどが送られるほか、インターネットでリーディングの検索サービスなどを利用することができます。二〇〇二年十月に特定非営利活動法人（NPO）の認証を得ました。

日本エドガー・ケイシーセンター（ECCJ: Edgar Cayce Center in Japan）
151-0053 東京都渋谷区代々木5-25-20-3F
TEL: 03-3465-3285　FAX: 03-3465-3263
URL: http://www.eccj.ne.jp/

〈監修者紹介〉

光田 秀（みつだ しげる）

昭和33年、広島県生まれ。京都大学工学部卒。

20歳の頃、エドガー・ケイシーの『転生の秘密』（たま出版）を読んで霊的人生観に目覚める。同大学院修了後、政府研究機関にて4年間勤務。以後ケイシーを中心に、霊的哲理の研究・翻訳・執筆に専心。現在、日本エドガー・ケイシーセンター会長。

主な著訳書に、『眠れる予言者エドガー・ケイシー』（総合法令）、『永遠のエドガー・ケイシー』、『キリストの秘密』『神の探究Ⅰ』（たま出版）、『知られざる自己への旅』（大和書房）、『エドガー・ケイシーのすべて』（サンマーク出版）などがある。


〈訳者紹介〉

木原 禎子（きはら ていこ）

早稲田大学応用物理科卒業後、理化学研究所半導体研究室に入所。研究所に在職中より科学技術情報センターの英語文献抄録の仕事を約20年間続ける。日本コンベンションサービスの翻訳の仕事なども引き受けたが、娘の事故による記憶障害を機に、治療法を探るために仕事をやめ、カウンセリング、臨床心理学、健康心理学、波動、その他いろいろな治療方法を学び、模索した。1986年『アウト・オン・ア・リム』でエドガー・ケイシーに出会う。平成7年より日本エドガー・ケイシーセンターの翻訳スタッフ。現在同センターの理事。その他にも「アガスティアの葉」の代行翻訳、『神との対話』のニュースレターの翻訳にも一年余り関わった。

3人の子供はすでに独立。夫はソニーの開発を初期より担当した元専務、現ソニー木原研究所会長・木原信敏。

〈著者紹介〉

マーク・サーストン

心理学博士。1973年以来AREのスタッフであり、エドガー・ケイシー研究の第一人者である。米国内や外国で霊性や、ホリスティックな生き方に関する講演、ワークショップなどを行っている他、16冊余りの本を著している。翻訳されている著書に、『セルフ・コントロール』(たま出版)、『魂の旅』『夢の世界へ』『千年期ビジョン』(中央アート出版社)がある。

クリストファー・フェイゼル

美術学修士、神学修士、台本作家、プロのミュージシャンである。AREの前スタッフであり、ワークショップの開催や、ケイシー・リーディングについての視聴覚資料の脚本を担当した。

エドガー・ケイシーに学ぶ

幸せの法則

2003年9月15日　初版第1刷発行
2014年10月10日　初版第7刷発行

著　　者　マーク・サーストン／クリストファー・フェイゼル
監 修 者　光田 秀
訳　　者　木原 禎子
発 行 者　韮澤 潤一郎
発 行 所　株式会社 たま出版
〒160-0004　東京都新宿区四谷4-28-20
☎03-5369-3051（代表）
http://tamabook.com
振替　00130-5-94804
印 刷 所　東港出版印刷株式会社

ISBN978-4-8127-0157-7 C0011